分散播种
集中收获

基金专家手把手教你做投资

刘元树◎著

中国纺织出版社有限公司

内容提要

截至 2021 年，中国基民的数量已经超过 7.2 亿，但基民的投资体验并不好，基金市场中一直存在着"基金赚钱，基民亏钱"的现象。如何破解"基金赚钱，基民亏钱"的魔咒呢？作者根据其多年的基金投资实战经验，总结了一套对普通投资者行之有效的基金投资方法。本书共 8 章，从"基金赚钱，基民亏钱"背后的秘密入手，以投资理财开启你的财富自由之路，阐述投资理财为什么要选择公募基金以及如何投资基金更赚钱，从"分散播种，集中收获"策略在基金定投中的应用、基金投资的误区和熊市的应对策略、普通人如何做好家庭财富管理规划，以及做好银行服务是更高的社会价值体现等不同角度，来分析基金投资策略，并给出具体建议，以解决"基金赚钱，基民亏钱"的难题。

图书在版编目（CIP）数据

分散播种，集中收获：基金专家手把手教你做投资 / 刘元树著. -- 北京：中国纺织出版社有限公司，2023.5（2023.12重印）
ISBN 978-7-5229-0405-4

Ⅰ.①分… Ⅱ.①刘… Ⅲ.①基金－投资－基本知识 Ⅳ.①F830.59

中国国家版本馆CIP数据核字（2023）第044043号

责任编辑：曹炳镝　段子君　责任校对：高　涵　责任印制：储志伟

中国纺织出版社有限公司出版发行
地址：北京市朝阳区百子湾东里 A407 号楼　邮政编码：100124
销售电话：010—67004422　传真：010—87155801
http://www.c-textilep.com
中国纺织出版社天猫旗舰店
官方微博 http://weibo.com/2119887771
三河市延风印装有限公司印刷　各地新华书店经销
2023 年 5 月第 1 版　2023 年 12 月第 3 次印刷
开本：710×1000　1/16　印张：13
字数：149 千字　定价：58.00 元

凡购本书，如有缺页、倒页、脱页，由本社图书营销中心调换

推荐语

投资没有捷径，也不需要极高的智商，只要以正确的方式推开一扇窗，只要复利的时间够长，即使增长得慢一点，长期回报也非常可观。这是公募基金过去二十多年穿越"牛熊"的经验与智慧。

但投资修心，通往长期投资的道路并不拥挤，这需要投资人有理念、有纪律、有眼光、有定力，不沉湎于过往，不拘泥于当下，不执着于短期。很多时候，既需要有耐心，又需要和朋友、伙伴相互启发，相互学习。

对于大多数人而言，如果不能获得超越市场的共识，那么多元化和分散布局便是更加实用的策略。《分散播种，集中收获：基金专家手把手教你做投资》这本书的基金投资策略，凝聚了刘元树长期在国有大行基金理财一线工作的深刻洞见，总结了众多基金持有人的"舍与得"，是基金实战派的智慧锦囊。在复利的道路上，分散播种，长期投资，祝愿每一位投资者都能得偿所愿。

——**富国基金管理有限公司总经理　陈戈**

"分散播种，集中收获"和"分散播种，长期持有"是普通投资者学得会、用得好的两种基金投资妙招。"分散播种"，尤其是要在时间上分散，这是作者一再强调的投资理念，基金定投也是这种理念的一种应用形式。这种投资理念有助于克服普通投资者追涨杀跌的行为偏差，帮助投资者解决择时难题，确实能够改善投资者的盈利体验。由于长期与客户打交道，作者能够将专业的金融知识和投资策略用通俗易懂、生动活泼、幽默风趣的语言表达出来，读起来轻松愉快，受益良多，感谢这些为基金投资者提供的宝贵经验和建议。刘元树是我的老朋友，也是基民们的老朋友，他的工作主要同基金业务打交道，他热爱基金、热爱投资者，真心为帮助投资者赚到钱而思考和探索。

——银华基金管理股份有限公司总经理　王立新

《分散播种，集中收获：基金专家手把手教你做投资》是一本非常值得基民朋友阅读学习的宝典。本书内容建立在科学和客观的理念之上，深入浅出地讲解了基金产品在选择标准、投资技巧、误区规避、风险管理、定投策略等方面的知识，对当下市场高度关注的热点话题，包括家庭财富管理、资本市场生态、投资价值观等方面都有着极为深刻、独到的见解。

这本书凝结了作者在国有大型银行几十年实践的经验和智慧，图文并茂、数据翔实，以很多生动的实际案例，向我们展示了如何通过基金投资实现长期、稳定的收益目标。特别是他关于"分散播种，集中收获"的投资方法，是经过长期实战检验的有效理论，对解决广大投资者在基金投资方面的各种困惑和痛点，具有积极的借鉴作用。

公募基金已经成为资本市场的重要机构投资者和居民财富的重要管理者，相信刘元树老师的这本书，能够成为陪伴基金投资者实操的良师益友，也能带来全新的启发和更加开阔的视野，这是一本看得懂、学得会、用得上的好书。

——华夏基金管理有限公司总经理　李一梅

我与刘元树相识已十五年有余，适逢中国基金行业快速发展的时代。亲身参与其中，我们历经行业发展从早期探索至规范创新的不同阶段，感受过市场行情的潮起浪涌，也看到了普通投资者在此期间的盈亏沉浮，致力于帮助更多投资者认识市场规律、了解科学理财从而真正实现长期财富积累，这也是推动市场和行业长远发展的长久之功。然而，要将财富管理的"种子"播撒得更广、更深，是一件任重而道远的事情，刘元树作为身体力行者，坚持不懈地努力，十分难得。

刘元树多年深耕在财富管理一线，把自身的实战理财经验和客户服务经验相结合，提出了"分散播种，集中收获"的基金投资策略，帮助普通投资者在变化不定的市场环境下化繁为简、积小胜为大胜。他在坚定的职业信仰和追求中，不懈思考、沉淀积累，在投资者教育领域做出了有益的尝试和贡献，价值非凡，其格局和韧劲也令人敬佩。

大道至简，深入浅出。相信本书能够获得广大读者的认同，并能真实解决投资者在投资理财时遇到的具体困难，成为我国基金行业漫漫发展长路上的一块基石。

——贝莱德基金管理有限公司总经理　张弛

刘元树先生长期从事财富管理工作，尤其擅长基金投资和产品遴选，对基金行业有深入的了解，对投资者需求和投资者行为模式有长期洞察，并在实践中总结形成了一套独有的基金投资策略。此书从基金"买手"视角出发，结合大量实证数据，深入浅出地破解基金投资中的难题，值得细细研读。

——光大保德信基金管理有限公司总经理　刘翔

"基金选择困难"与"投资者回报与基金回报背离",是中国市场个人投资者在基金投资上长存的两个"痛点"。本书汇聚了刘元树老师多年来基金研究的智慧和感悟,有效探索了两个"痛点"的解决路径,可以帮助个人投资者在不断变化的投资市场中,获得基金投资的长期良好体验,真正享受财富管理的乐趣和成就感。

——华商基金管理有限公司总经理　王小刚

自序

从2003年我在银行担任基金产品经理,至今已足足二十年了。虽然我在2000年就开始投资中国建设银行第一只开放式基金——华夏成长基金,当时因为工作需要,把中国建设银行代理的基金买了个遍,但是对基金的认识仅停留在基金经理的宣传册和总行会议的路演上,对基金产品和行业的认识都还处于肤浅的阶段。

随着自身投资体验、投资情绪和行为的变化,加上资本市场的反复无常,在不断给客户推销基金的过程中,我逐步形成了"金融食物链"和"风险时空论"的观点,并在实战中大幅提高了基金营销效率。2002年,我担任鼓浪屿支行副行长时,虽然鼓浪屿支行存款位居全辖区64家网点的倒数几名,但基金销售量却高居全国分行榜首!通过实践提炼出来的理论,不仅提升了银行的销售业绩,也在2001~2004年的震荡下跌行情中,让购买新基金的客户获取了每年超过10%的投资收益!

后来,我作为厦门分行专职基金产品经理,对基金产品、基金经理和基金行业的认识也更加全面和深入,对投资者行为的观察样本也更加丰富。这为提出"分散播种,集中收获"理论提供了坚实的实践基础。在此理论的指导下,中国建设银行厦门分行的公募基金销量在全国各分行中长期雄踞完成率冠军,并以占比不足全国百分之一、排名在全国37家分行倒数几名的金融体量资源，基金销售额长期居全国前十名，为中国建设银行乃至基金行业的发展贡献了自己的一份力量！

"分散播种，集中收获"理论不仅能为银行做好财富管理提供帮助，也能为个人财富的积累助力。"分散播种，集中收获"理论为散户投资者应对中国A股市场短期剧烈波动风险提供了有效的武器，早在2007年10月A股沪指6000点，大量机构呼吁基金应该长期投资时，我就在《厦门日报》发表文章，提出"分散播种，集中收获"的观点，旗帜鲜明地反对简单长期持有的观点，随后2008年爆发全球性金融危机，市场暴跌，"分散播种，集中收获"理论由此一战成名，践行该理论的投资者规避了超过65%的市场短期暴跌。

作为该理论的提出者和实践者，我自己的财富在经历2007年和2008年的"牛熊"转换后也大幅上涨。由于长期坚持"分散播种，集中收获"投资理论，在各种市场波动下跌中，由于分散筹码买新基金，净值下跌幅度远小于指数跌幅。例如2022年，创业板指数跌幅近30%，而分散播种新发基金的跌幅不足5%，这种防守反击的策略是大量处于市场弱势地位散户投资者有效控制短期风险，获取未来收益的有效策略。

"分散播种，集中收获"是在总结过去基础上有效指导未来的投资方法论。通过长期的实践观察发现，大量投资者往往关注未来短期的市场变化，幻想通过短期的重仓下注博取暴利，于是人们常常会问：下个月市场还会不会涨？看好哪个板块和个股？买哪只基金会涨得快？很多人关注短期未来，却很少有人系统、数字化地总结过去。通过分析过去二十多年的基民投资数据发现，只要投资者投资的筹码均衡分散在所买的不同基金中，投资收益就能大幅度提高；如果是投资的时间点能均衡分布，投资收益提升的效率就更佳。

自 序

"分散播种，集中收获"是克服人性弱点、常识战胜预测的行为规范。很多人其实也认可"分散播种，集中收获"的观点和方法，在实战中隐约有所感受，但是没有静下心来归纳总结，并不知晓践行这个方法和自己忙忙碌碌选择的差距。"分散播种，集中收获"的理论系统总结了过去二十年的数据，只要认真践行这一理论，财富可以快速增长。

"分散播种，集中收获"的方法知易行难。投资实践和其他社会实践最大的不同在于每一笔投资都涉及本金的损益，这对很多辛苦赚钱、风险承受能力不高或深受通胀折磨之苦的投资者而言，一旦其中某一笔投资出现本金亏损的情况，他们就会失去投资信心，怨天尤人。要坚持分散播种买多只基金就相对困难。本书总结的历史数据希望能够对风险承受能力较弱的人们起到坚定投资信心的作用。因为风险很多时候是认识和能力是否到位的问题，和现在众多问卷的风险测评问题无关。就像很多运动项目，如果掌握了这一技能，那么就是低风险甚至是无风险运动，否则就是高风险运动，比如骑自行车。

"分散播种，集中收获"是对传统成功认知的一种挑战。"毕其功于一役""一不做二不休"是历史上很多成功人物的行为准则，这种认知在投资上也有体现。比如，很多人会孤注一掷，押宝重仓在单只股票或基金上，在实践中押注式的投资往往以"爆仓巨亏"收场。"分散播种，集中收获"则是一种厚积薄发、控制短期风险、集小胜为大胜的策略。

由于践行"分散播种，集中收获"理论获得了靓丽的业绩和有效的财富增值效果，过去二十年各商业银行、券商、基金公司请我做专场演讲的邀约不断，至今累计演讲场次近千场。另外，我还通过"刘元树"微信公众号，深入浅出阐述了"分散播种，集中收获"的投资理论，让数以万计的投资者受益良多，这些文章累计阅读人次已超过百万。现将多年的投资和工作心得、研究成果结集出版，希望为投资者带来投资理财的新思路，相信《分散播种，集中收获：基金专家手把手教你做投资》这本书必将对广大投资者和银行工作者的投资理财实践有所裨益。

刘元树

2023 年 1 月

目录

第一章
"基金赚钱，基民亏钱"背后的秘密

一、为什么"基金赚钱，基民亏钱" / 2

二、基金投资必须遵守的首条"交规" / 5

三、提升自我修养和赚钱能力 / 9

四、挑选靠谱的基金经理和基金 / 14

五、投资者买基金需避开三大雷区 / 17

六、投资基金的妙招：分散播种，集中收获 / 21

第二章
投资理财，开启你的财富自由之路

一、焦虑使人勤奋工作，质疑才能发现新路 / 28

二、科学方法投资基金，坚持到底方可发财致富 / 30

三、如何抵御通货膨胀 / 34

四、封闭式基金是健康理财之道 / 36

五、教你四招，实现财富自由 / 38

第三章
投资理财为什么要选择公募基金

一、金融食物链，散户处于最底层 / 42

二、散户缘何喜欢自己投资炒股 / 46

三、散户的特点和弱点 / 51

四、散户是怎样被"消灭"的 / 56

五、如何挽救散户投资者 / 59

六、为什么投资理财要选择公募基金 / 63

第四章
如何投资基金更赚钱

一、寒冬终将过去，行情年年重复 / 70

二、投资什么基金才能战胜通货膨胀 / 71

三、诚恳的忠告：有钱也不要提前还贷 / 77

四、购买债券基金和"固收+"产品可以致富吗 / 81

五、基金被套了，如何治好精神内耗 / 84

六、年年岁岁花相似，如何投资基金更赚钱 / 87

第五章
"分散播种，集中收获"策略在基金定投中的应用

一、基金定投同样需要"分散播种，集中收获" / 94

二、什么时候播种更好 / 97

三、基金定投究竟要投资多长时间 / 101

四、基金定投如何及时止盈，集中收获 / 103

五、如何避开基金定投的投资误区 / 107

六、定投的最高境界：永续基金定投 / 109

第六章
基金投资的误区和熊市的应对策略

一、投资基金有风险，不投资风险更大 / 116

二、投资千万不要单打独斗 / 119

三、万一买在市场高点，怎么做才能赚钱 / 123

四、大危机孕育大机会，熊市中的基金投资法则 / 128

五、5000点买入的基金被套，如何才能成功解套 / 133

六、"分散播种，集中收获"助投资穿越"牛熊" / 136

第七章
普通人如何做好家庭财富管理规划

一、家庭财富管理的风险和重要性 / 144

二、如何把握未来个人投资理财的主旋律 / 147

三、家庭投资理财要从娃娃抓起 / 150

四、家里富不富，财富积累"全靠主妇" / 153

五、大学毕业后的10年如何赚到100万元 / 156

六、如何做到"家有现金奶牛，一生衣食无忧" / 161

第八章
做好银行服务是更高的社会价值体现

一、建议从事金融行业的第一份工作是去银行 / 166

二、银行和基金首次相遇，开启了我国财富管理的大门 / 168

三、从银行买基金为何比在网上买基金更容易赚钱 / 174

四、找一位靠谱的银行理财经理有多重要 / 176

五、银行越来越重视基金投资理财业务 / 180

六、做好银行服务是更高社会价值的体现 / 184

后　记 / 188

第一章
"基金赚钱,基民亏钱"背后的秘密

一、为什么"基金赚钱,基民亏钱"

当前,公募基金正逐渐成为服务实体经济和居民财富管理的重要力量。根据中国基金业协会的统计,截至 2022 年 7 月末,我国的公募基金产品共 10123 只,管理资产规模高达 27.06 万亿元。

然而,在公募基金规模不断扩大、投资者参与度持续提升的同时,我国公募基金市场上似乎一直存在着"基金赚钱,基民亏钱"的现象。一方面,基金管理人和基金销售机构收入持续增长。2010~2020 年的 10 年间,公募基金管理人管理费和净利润的年化增长率分别为 7.841% 和 7.509%,而二者在 2020 年的同比增长率更是高达 38.77% 和 13.03%。2021 年上半年,基金销售机构公募基金保有规模第一位、第二位和第四位的招商银行、蚂蚁财富和天天基金网与代销基金相关的收入分别为 67.19 亿元、57.80 亿元和 23.97 亿元,同比增长 39.75%、280.85% 和 109.77%。另一方面,基金投资者的收益率却差强人意。根据中国基金业协会 2018 年的调查统计,自投资基金以来保持盈利的投资者占比仅为 41.20%,富国基金等三家机构分析自身客户盈利水平后也发现,截至 2021 年第一季度,其投资者的平均收益率仅为 8.85%,远低于同期偏股基金指数 16.67% 的平均收益率。

此前,很多经济学家对"基金赚钱,基民亏钱"的现象做过分析。有经济学家认为，基民是不理性的，容易"追涨杀跌"，把基金当成股票来炒，频繁买卖，自然容易亏损；也有经济学家认为，基民是无错的，都是基金公司的错，比如在上证指数 6124 点和 5178 点时，既然基金经理是专业的，为什么不减仓？更有甚者，在高点不断发基金，然后快速建仓，这都是基金经理的错，基民既然把钱交给基金经理，基金经理就应该对基民负责，高位不减仓，低位不加仓，怎么能怪基民呢？

这些分析，听起来似乎都有道理，真是"公说公有理，婆说婆有理"。现在，我们从另外一个角度，即从营销实战的角度来谈剖析，到底是什么原因导致了"基金赚钱，基民亏钱"的现象呢？

其实，如果从基金利润的说明进行分析，其中利润包括已实现收益和未实现收益两部分，已实现收益是分红部分，未实现收益是净值增长部分，就会发现数据背后的秘密。

（一）基金分红

稍有经验的投资者，一定记得在 2007 年基金"激情燃烧"的岁月里，由于新发基金批文有限，无数大型基金公司都进行大比例分红，净值归一后再营销活动，无数投资者在 2 元甚至 3 元多时买入基金，然后净值归一后，大家惊奇地发现了一个有趣的现象。比如，客户买了 200 万元某净值 2 元的基金，之后每份分红 1 元，该客户就分红 100 万元，如果是现金分红的话，则左口袋到了右口袋 100 万元，但是客户却缴纳了 1.5% 的申购费。客户财富没有增长，在基金 20 年的辉煌业绩中，这个客户却贡献了 100 万元的已实现利润，是不是令人咋舌？

（二）基金的未实现利润部分

2007 年，上证指数开盘于 2728 点，年末 5261 点，全年涨幅 96.67%，年中最高 6124 点。按指数涨幅算，基金未实现利润有 96%。然而，当年

A股市场出现8月"大象起舞"时，多少投资人是在5500点买入基金的？根据统计数据，基金似乎提供了巨额的利润，但散户却只能哀叹"朱门酒肉臭，路有冻死骨"！

有人可能会说，基金给持有人创造的收益没有办法精确计算，只能估算。其实，只要略有会计常识的人，都知道基金投资人真实利润的算法，计算步骤如下：

区间基金持有人利润 = 期末市值 + 本期赎回金额 +

本期现金分红金额 – 投资成本

其中：

投资成本 = 期初市值 + 本期认购金额 + 本期申购金额 + 本期定投金额

期末市值主要包含了未实现盈亏，本期赎回则包含了已实现的盈亏。

案例分析：中国建设银行厦门分行客户买富国基金究竟赚了多少钱？

中国建设银行厦门分行2017年买富国基金的客户当年盈利计算如下。见表1-1。

表1-1 2017年中国建设银行厦门分行–富国基金旗下的偏股基金盈利情况表

单位：万元

基金定投申购成交金额	基金认购成交金额	基金申购成交金额	基金赎回成交金额	期初市值	期末市值	2017年盈利
893.22	4201.81	1349.34	8841.26	29765.11	33489.20	6120.98

由以上公式可计算出：

（1）2017年中国建设银行厦门分行代理的富国基金为客户赚了6120.98万元利润。

（2）简单收益率 = 6120万元 / 29765万元 = 20.56%。

（3）按照建设银行厦门分行在富国基金偏股基金规模占比1%计算，

则富国基金在 2017 年给持有人赚了 61.2 亿元。

如何计算基民究竟赚了多少钱？建议基金公司、银行和券商要说在某个时间区间给客户赚了多少钱，而且必须用以上公式进行计算说明，否则可能会误导投资者。

二、基金投资必须遵守的首条"交规"

很多投资者都喜欢自己判断市场，觉得自己非常厉害，其实这是一种错觉。试想，如果每一位普通投资者自己投资炒股都能轻松赚钱了，那银行和基金公司的作用在哪里？

我们可以用寓言故事《两小儿辩日》来做一个说明：

孔子周游列国，途中遇到两个小孩激烈辩论，原来是在辩论早晨和中午时分哪个时候的太阳更大，并且给出了无以辩驳的论据。仔细品味两小儿的论述，我们要为他们善于观察生活而点赞！一儿曰："日初出大如车盖，及日中则如盘盂，此不为远者小而近者大乎？"一儿曰："日初出苍苍凉凉，及其日中如探汤，此不为近者热而远者凉乎？"

这个问题放到今天，不要说两位小儿，即使非专业的大学生，没有一定物理学和天文学的基础，也会辩论不清。

人们在看待超越自己能力边界的问题时，其实只要根据自己的需要做出正确的行为即可。比如，要想晒衣服干得快一些，那就在中午去晒即可；要观察太阳的样子，最好是在日出时分，因此时的日光不会灼伤眼睛。对普罗大众而言，仅此而已！

当下，我国数以亿万计的股民和基民，对A股市场的看法众说纷纭，对比两千年前的《两小儿辩日》，实在是有过之而无不及。

资本市场背后的机理，包含了国际和国内政治经济形势、行业发展趋势、新发明新技术、心理学、博弈论等众多高深理论。对于普通基金投资者来说，需要掌握的就是：投资是为了赚钱，而不是为了搞明白自己可能永远都搞不明白的道理！

现在的股民和基民需要明白，当市场点位很高了，买基金的人多时，要特别谨慎。而当市场点位较低、"门可罗雀"时则要大胆！相信天上的太阳不会掉下来，同时相信资本市场在可以预见的未来会永续存在，并且会越来越好，这样在做投资决策时，事情就好办多了。

其实，除了不要自己过度自信判断市场，投资者还需要具有高度的纪律性，尤其要遵守一定的投资原则和纪律。

众所周知，不遵守交通规则的司机因车祸受伤的概率极高。遵守交通规则是开车平安到达目的地的根本保障，而遵守交通信号灯指示是最基本的交通规则。

同理，不遵守基金投资规则的人，亏钱的概率也是极高的。而遵守一定规则和方法的人，大概率能实现财富的稳健增值。

基金投资的技巧和方法千条万条，最能决定投资者盈亏的首条"交通规则"是什么呢？对于不同的投资者而言，这个问题仁者见仁、智者见智。通过专业的数据分析和计算，决定一个基金投资者盈亏最根本的"交通规则"，就是在时间上均衡筹码进行投资。纵观十多年来基金的投资数据，投资时间均衡分布才是基金投资的康庄大道，而众多择时择基的所谓秘方，对广大散户而言并不具备可行性。

（一）不同投资方法的不同结果

首先来看一下截至2022年6月20日，2001年开放式基金诞生以来至2021年的基金收益数据，以中国建设银行为例。见表1-2。

表1-2 2001～2016年中国建设银行推荐新发偏股基金收益情况表

年度	单位净值（元）	复权累计净值（元）	发行数（只）	平均运行时间（天）	年化收益率（％）	复利年化收益率（％）	总收益率（％）
2001年	1.0730	6.9314	1	7380	29.34	10.05	593.14
2002年	1.0845	5.8691	2	7140	24.89	9.47	486.91
2003年	2.4616	10.7701	6	6794	52.49	13.62	977.01
2004年	3.5527	13.1285	8	6434	68.81	15.73	1212.85
2005年	3.5627	11.3620	7	5311	71.21	18.18	1036.20
2006年	2.5563	6.0345	27	5709	32.19	12.18	503.45
2007年	1.4444	2.5788	9	4907	11.74	7.30	157.88
2008年	2.7734	5.1738	19	5028	30.30	12.67	417.38
2009年	2.2023	3.0752	56	4754	15.93	9.01	207.52
2010年	2.4526	2.9314	30	4320	16.32	9.51	193.14
2011年	2.5630	3.1830	32	3974	20.05	11.22	218.30
2012年	3.3528	4.6122	15	3633	36.30	16.60	361.22
2013年	3.4428	4.1389	20	3064	37.39	18.44	313.89
2014年	2.8152	3.0754	34	2881	26.30	15.30	207.54
2015年	1.7326	1.7994	74	2544	11.47	8.79	79.94
2016年	1.9228	1.9954	45	2171	16.73	12.31	99.54
2017年	1.8880	1.9051	58	1789	18.47	14.06	90.51
2018年	1.7640	1.8185	66	1134	26.34	21.22	81.85
2019年	1.6811	1.7184	48	1087	24.12	19.94	71.84
2020年	1.1348	1.1453	92	724	7.32	7.07	14.53
2021年	0.9271	0.9286	86	363	-7.19	-7.19	-7.14
均值	2.2089	4.4845	35	3864	32.92	15.23	348.45

截至时间：2022年6月30日

通过表1-2，可以看出两点：

（1）2001～2021年，中国建设银行推荐新发偏股基金735只，持有到2022年6月30日，除了2021年度是亏损的，其余年份全部盈利，盈利概率超过95%。

（2）截至2022年6月30日，735只基金平均复权累计净值4.4845元，也就是说只要均衡等额按1元面值认购这735只基金，可获得平均348.45%的投资收益。

一个小的结论是，只要均衡认购745只基金，并持有到2022年6月30日，平均占用时间3864天，可实现总回报348.45%，年化单利回报32.92%，复利年化回报15.23%。

但大部分投资者并没有上述投资体验，主要原因是大部分筹码都集中在2007年和2015年市场处于高位时，买入了"工银互联网+"等基金。

（二）严守纪律，分散播种赚钱概率更高

在实际交易中，如果投资者能实现每年以固定的预算金额买入中国建设银行推荐的基金，则收益率又可大幅度提升。从表1-2可以看出比较重要的两点：

（1）每年预算固定金额进行基金投资，再将固定金额等额分布在当年的新发基金的只数上，则2001～2021年的个投资样本中的总收益率最高达1212.85%，即翻了12倍，最差的2021年也仅亏损了7.14%，而相比2022年市场大幅下跌20%～30%的情况而言，这种投资方法一定程度上帮助投资者规避了风险。

（2）此方法的难点在于：难以预测每年度基金的发行计划和发行只数，即使预算好了当年的投资金额，也难以将资金均衡分布到每只基金上。但可采用将预算金额除以12个月，计算出每月投资的金额，再确定每月预算投资基金的只数，比如每月固定投资4只产品，就可以实现以上

投资策略。

总之，基金投资是知行合一的行为，投资者需要不断实践总结，不断纠错和自我评估，才能提高盈利水平和概率。

三、提升自我修养和赚钱能力

根据中国证券业协会的报告，截至 2021 年年底，我国的基民数量已超 7.2 亿人，换句话说，你在马路上随便碰到一个人，这个人 50% 的概率是基民。如今，越来越多的投资者认识到，公募基金才是投资理财的首选。那么，如何做一个成功的基民呢？或者说，到底怎么做，才能提升基民的自我修养和赚钱能力呢？

我们不妨从学生的角度来做一下对比分析。

怎样才算一个好学生呢？最佳的答案是：三好学生。

但是，关于如何做一个成功的基民，情况就不同了。

一位学生学习成绩好不好，通过一场考试检验一下就可以了，而投资理财的收益好不好，投资水平高低，却需要一辈子去检验！

另外，投资基金理财目的多种多样，有人是为了养老，也有人是为了结婚生子或者国留学。但无论是哪种，其根本目的都是让财富保值增值。通俗地说，投资基金就是为了赚钱。如果按这个标准来回答如何挑选基金，相对容易回答。就好比有人追求健康长寿，主要观察长寿的人有什么良好的生活习惯。比如，长寿的人不抽烟、不酗酒、不熬夜、不暴饮暴食等。

而在基金投资中，长期盈利赚钱的客户同样有较为一致的行为习惯，只要广大投资者将这些习惯变成自己的行为准则，投资基金赚钱也会变得轻松很多。以下就是赚钱概率高达90%的基金理财"三好"原则：

第一条原则：新的比旧的好

从大量投资者行为统计看，分散认购新基金的客户绝大部分都是盈利的，而投资经验不足，盲目申购老基金的客户则容易出现亏损，除非在专业理财人员的指导下进行投资。认购新基金易盈利而申购老基金易亏损，看似是一种表面现象，背后其实有深刻的投资机理。

很多投资者并不了解新发基金成立后有最长不超过6个月的建仓期的规则，这个规则能使新发基金有效地规避A股市场的系统风险。众所周知，A股市场最大的风险就是市场波动的风险，最长可达6个月的建仓期，能够使新基金进可攻退可守。

案例分析：熊市的嘉实研究精选基金VS牛市的华夏优势增长基金

嘉实研究精选基金于2008年5月27日成立。当时，市场上流传着沪指3000点是政策底的声浪，该基金试探性建仓，没过几天亏损幅度达-2.5%。基于市场悲观的预期，嘉实研究精选基金将仓位完全斩仓，基本上股票完全空仓了近3个月，很大程度上规避了市场大幅单边下跌超过50%的系统风险。而如果申购老基金，因股票基金有约60%的底仓限制，即使基金经理看空市场的判断正确，也无法完全规避市场的系统风险。见图1-1。

在市场上涨的情况下，新发基金经理可选择快速建仓的策略，充分分享市场上涨的市场行情。以2006年11月底成立的华夏优势增长基金为例，在上证指数达到了当时的历史高位2000多点时，众多散户正在犹豫徘徊，华夏优势增长基金募集资金超过 100 亿元，并采取快速建仓的策略，该基金两个工作日就快速建仓满仓，很好地跟上了市场上涨的步伐。见图 1-2。

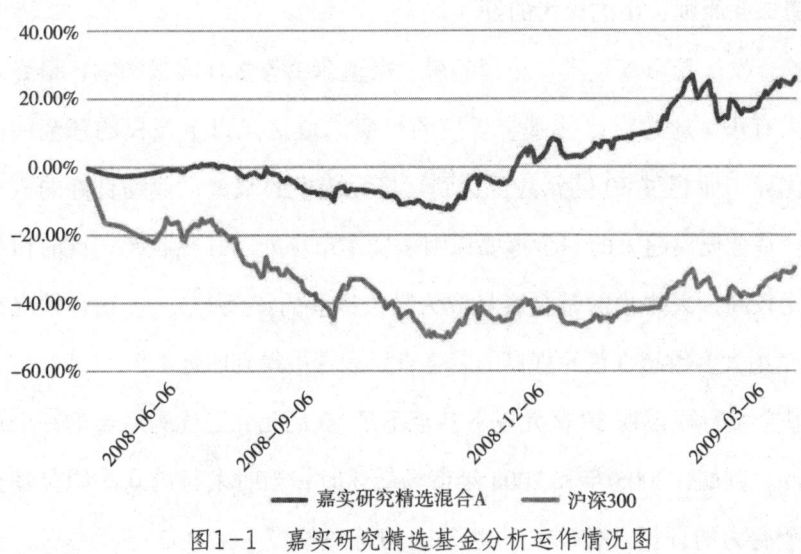

图1-1 嘉实研究精选基金分析运作情况图

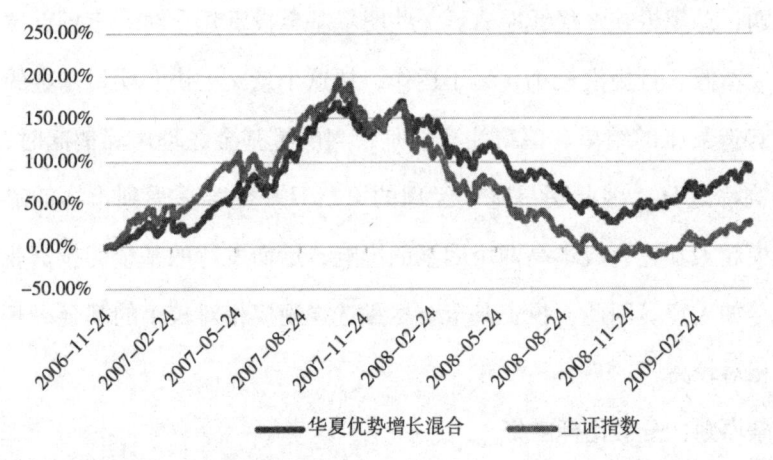

数据来源：东方财富Choice。

图1-2 华夏优势增长基金分析运作情况图

通过对比嘉实研究精选基金、华夏优势增长基金净值走势和上证指数，即可佐证投资基金"新的比旧的好"这一结论。新基金使投资者免去判断市场短期涨跌的烦恼，这对那些乐于判断市场短期波动却屡屡出错的投资者来说，认购新发基金显然比自己判断市场要好得多。

第二条原则：小的比大的好

基金发行受市场氛围、公司品牌、渠道营销等多种因素影响，最终规模有大有小。通过对以往基金规模的观察，30亿元以下规模的基金往往业绩优异，而超过30亿元甚至达到百亿元规模的基金，业绩良好的概率较小。基金规模超大的一个重要原因是资本市场处于狂热状态，此时市场点位比较高，大规模的基金容易成为高位接盘的"冤大头"，这种情况在2007年绝大多数超百亿元规模的基金日后表现中得到印证。

基金发行规模在30亿元以下甚至不足10亿元，是优秀基金的一个重要条件。例如，2005年和2008年市场低迷时，当时发行的众多明星基金是一个有力的证据。彼时，这些基金的首发规模一般在2亿元左右，加上机构认购，总规模在5亿元左右。一些明星基金投资建仓时，市场点位低、建仓成本低，且规模较小，易于运作，从这个意义上讲，明星基金的成功是时势造英雄的结果。值得注意的是，当明星基金经理声名鹊起时，也是市场高涨之日，因此明星基金经理的第二只基金容易受到市场的热捧，受规模超大和建仓成本高两个因素的影响，后面发行的基金的投资业绩往往不尽如人意。因此，投资基金要尽量选择规模相对较小的基金，其安全边际相对较高。

第三条原则：分散比押宝好

很多基金投资者喜欢"毕其功于一役"，将财富增长的梦想"押宝"于某一时期发行的某只基金产品上，这种"大决战"的想法在具备一定研判市场实力的基础上是可行的，但是普通基金投资者属于市场中的散户，属于弱势群体。在信息不对称、实力不对称的情况下，散户投资者采用"押宝"的投资策略，无异于飞蛾扑火。从实际案例看，习惯于"押宝"投资的投资者，以 10 次投资为例，哪怕前 7 次押宝均取得成功，只要后面 3 次失败甚至最后一次失败，都会导致前功尽弃，因为前面的成功使投资者信心倍增，可能增加投资甚至是负债且进行杠杆投资，这种做法无疑会放大亏损。

所以对广大投资者而言，应明确基金投资的额度，采取分散均衡进场的方法进行投资相对稳妥。实证数据证明，中国建设银行自 2001 年发行基金以来，截至 2009 年 9 月底，投资者采取平均分散认购主要新发基金的方式，取得了超过 29% 的复利年回报。而那些采取"押宝"投资策略的投资者还深陷 2007 年的投资泥潭之中。

另一个"分散比押宝"好的证据就是基金定投。例如，从 2007 年 10 月上证指数到达 6124 点时开始定投，到 2009 年 3 月指数，上证指数 2400 点就基本开始盈利了，而如果当时采用"押宝"投资的方式，解套遥遥无期。

实践和理论都证明，投资者采用"三好原则"进行基金投资，不仅可以免去各种投资的烦恼，还可以超额分享经济增长的果实。实证数据表明，用"三好原则"进行投资，获得超过 14% 以上的复利回报是大概率事件，轻松又赚钱，何乐而不为呢？

四、挑选靠谱的基金经理和基金

普通投资者无不希望抓住市场行情,那么,我们应该如何挑选靠谱的基金经理,播撒下希望的种子呢?

(一)靠谱的基金经理的五个特点

好的基金经理可以帮助投资穿越"牛熊"。市场上有各种风格的基金经理,有些基金经理侃侃而谈,开口就是宏观微观、行业轮动、十倍牛股,似乎一切尽在掌握,感觉自己就是"中国版巴菲特",但后来发现,这些夸夸其谈的基金经理其实业绩都很差;也有些基金经理,上台发言前哆哆嗦嗦,甚至有的基金经理拿着小抄纸上台念稿,越念声音越小,最后几乎听不见,讲几句话脸就红了,谈市场、谈行业、谈投资方法时,似乎说不出什么思路和想法,可是往往这样的基金经理最后业绩都很好……

靠谱的基金经理都具备如下特点:

1. 穿越"牛熊",投资经验超过 10 年

基金经理最好是见过大风大浪,投资期限超过 10 年的选手。这样的人在面对 A 股的"滔天恶浪"时,才不至于手足无措,失去定力。面对千载难逢的低吸机会,才能从容出手。

2. 操作稳健，严控回撤

A股市场建立的时间不长，其中的各种风险是客观存在的。如果没有很好的风险控制能力，往往是竹篮打水一场空。基金经理必须重视自上而下进行板块配置和自下而上精选个股，偏好估值合理、业绩增长稳定的板块和个股，并动态跟踪企业基本面变化和估值安全边际，严格控制回撤。

3. 逆向思维，敢于逆势布局

A股市场上，各种信息漫天飞，真真假假虚虚实实，即使是真消息，如果没有逆向思维，很可能就成为"接盘侠"。因此，基金经理应重视左侧交易和逆向投资，坚持独立判断，对市场热点保持严谨态度，不追涨杀跌，不买估价高、经营风险高及有管理瑕疵的股票，踏实追求长期稳健收益。

4. 仓位灵活，进退自如

基金经理既能在市场高位时减仓、市场见底时加仓，又能真正做到仓位灵活。不过，仓位灵活四个字知易行难，需要基金经理通过自上而下对宏观经济基本面、流动性、估值情况等进行综合考虑，判断市场整体风险和溢价偏好，还要时刻关注政策导向引起的系统性风险，以此灵活配置整体仓位。

5. 知行合一，言行一致

左侧交易是优秀基金经理的有效策略，只有对宏观形势和微观状况研究透彻，才敢于在左侧大胆重仓买入。一般来说，在市场关注度低、股价处在低迷阶段时，通过左侧交易策略买入并长期持有，才能赚取价值回归的收益。这点是最难的，只有摒弃市场的噪音，坚守自己的投资之道，才能做到"知行合一，言行一致"。

投资者在做投资时，学会挑选优秀的基金经理的过程其实也是一个投资者提升自我认知的过程，新的投资者总喜欢挑波动大的基金，而经历过大幅市场波动的投资者则更喜欢稳健类的基金经理，正所谓相由心生、境随心转，不同的心境，会选择不同风格的基金经理。

那么，问题来了：赚钱的基金投资者都是什么样子的呢？或者说，赚钱的投资者到底怎么做，更容易在基金投资过程中赚到钱呢？

（二）赚钱的基金投资者的四个特点

这么多年来，我们和无数投资者沟通交流过，也服务过成千上万的投资者。有的投资者无法接受一时的亏损，很多因一时的亏损而担忧焦虑的投资者基本赚不到钱。而有些投资者，一次性买入几百万元甚至上千万元，回撤亏损达到上百万元却非常淡然，有时候搞得银行的理财经理都不好意思，于是主动上门服务去沟通交流，甚至还拉着基金经理过去上门服务，可是这些投资者却很淡定。这种现象告诉我们，亏损金额比较大的投资者，他们在做生意过程中见过市场上的大风大浪，明白在投资过程中不交点学费就想赚钱那就是"抢钱"。

总体而言，那些在基金投资中容易赚钱的投资者有四个特点。

1. 从善如流之人

目前，基金发行主要是通过银行网点的理财经理，向大众客户进行推介，相信专业的客户知道投资是一项技术活，没有深厚的专业知识和能力，要想在日益复杂多变的资本市场牟利，无疑是火中取栗。

2. 不锱铢必较，着眼于长远之人

古人云："不谋万世者不足谋一时，不谋全局者不足谋一域。"放在基金投资上，就是要进行中长线投资，不必太注重短期的净值波动，尤其是在市场接近底部时，短期20%的被套，未来可能会换来超过100%的

收益。

投资一揽子基金时，不因一两只基金亏损而抱怨理财经理的推荐，而是评价整体一揽子基金的盈亏，不将自己持有的每一只基金、基金每时每刻的利益都视为神圣不可侵犯，使理财经理对自己敬而远之，从而让自己远离分享经济增长红利的快车道。

3. 商业上忠实、诚信之人

人们寻找敬业、专业的理财服务无可厚非。但当银行理财经理费尽口舌，认真讲解推荐一只产品，客户也表示认可，但在下单成交时却换成其他银行，或将业绩推荐到其他理财经理，这种做法会让所有的互信不复存在，投资者要在理财的道路上走得更远，或将是一种奢望。

4. 行动力大于思考力之人

没有大智慧且不爱思考的人，往往会迎来悲剧。比如，在过去30多年我国经济高速发展的过程中，尤其是房地产业大发展的20多年，看空房地产业的人当属此类。

上述各种"面相"之中，对投资者而言，最重要的是要相信专业力量的能力。因为，信任不仅是一种美德，更是一种能力，这种能力能给我们带来源源不断的财富。

五、投资者买基金需避开三大雷区

当前，我国资本市场上的基金超过1万只，很多投资者都说挑选基金太难了,的确如此。尤其是,2019年以来,随着市场行情转暖,第三方销售渠道日趋火爆,很多新的投资者尤其是"90后"跑步入场,甚至在基金界还出现了"饭圈文化",把明星基金经理当成娱乐明星来追捧,有的基金经理还有所谓的"后援团"。

让人尴尬的是,当市场出现调整时,一些被粉丝们追捧的明星基金经理们一夜之间"跌落神坛",部分"90后"基金投资者甚至自嘲为"韭零后",成为新一代的韭菜。华尔街有句名言,"太阳底下没有什么新鲜事",无论你在什么时候投资,即使以前其他投资者犯过的错误,新的投资者还是会重蹈覆辙。

要想挑选出好基金,尤其对新的投资者而言,需要特别注意避开以下三大雷区:

第一个雷区:追逐"一日售罄""比例配售"的基金

此前,市场上曾经多次掀起基金热。虽说监管机构出台"比例配售"等政策后,基金抢购风稍微平息下来,但依然暗流涌动。很多人给理财经理经常打电话问两个问题:一是现在能不能买基金?二是某某基金好不好?搞得这些理财经理不知道如何回答。

对于投资者来说,比较纠结的是:"一日售罄""比例配售"的基金要不要追?

这是买基金的第一个雷区。很多投资者尤其是新的投资者都是被这种"一日售罄""比例配售"等字眼吸引过来买基金的,部分投资者的第一次投资就这样献给了这些基金。那么,其投资体验到底如何呢?

现实很"骨感",大家去抢的基金往往业绩都不好。甚至可以说,以上两个问题都可称为"伪命题"。仅以中国建设银行每年发行的几十只基金来看,有两种投资模式:一种是大家都不刻意挑拣,分时投资;一种是大家都挑来拣去，就想博到一个好时段"押"到一只好基金。最终结果是，后一种模式比前一种要少赚近1亿元。

这是什么概念呢？打个比方，假设有人预计会生10个孩子，当生了第二个孩子时，你可能会问：这孩子是不是最聪明的啊？但谁知道呢，还有8个孩子没出生呢。基金也是这样，每位基金经理可以管理10只基金，其实，连基金经理自己都不知道哪只基金的业绩表现最好，与其去想什么时候买、买哪只最好，不如把眼光放长远点，分散在不同的时间点来投资。

第二个雷区：我要全买（all in）一只很牛的基金

当投资者避开了第一个雷区后，别急，还有第二个雷区等着你！

很多投资者容易产生执念，而且可能经常受到所谓投资大师的指引，这种人有一个突出表现是，如果看好一只股票或者基金，就把所有的资金全部都投资在这只股票或基金上，然后长期持有。

这就是基金投资的第二个雷区。千万不要全买一只基金，无论这只基金如何牛气，或者这个基金经理有多帅，千万不要只买一只基金，而是要分散风险。

投资者在投资基金的时候，一定要有一种"金融农民"的心态，尽量"分散播种"，多选择几只基金做组合投资，我们把这种方法称为"空间分散"。例如，你种的水稻因为各种原因导致收成不好也没关系，因为你在其他田地里还种了其他经济作物，如地瓜，这些品种有可能带来更好的收成。

特别提醒一下，不仅要做到"空间分散"，而且要做到"时间分散"。

银行往往一年代销几十只基金，投资者如果用所有资金押一只你认为最好的，押中的概率是几十分之一。不如适当分散时间进行调整，效果可能更好。比如，你一年内选择 5 只基金，每间隔两个月投某一只，在这 10 个月里，你的投资已基本横跨一年内市场的所有点位。这样一来，即使市场处于低点你也不会太恐惧，因为你的投资始终有一个平衡感。当然，不是绝对地要求所有人都这么做，你可以根据自己的情况，具体选择分散投资的时间点。

"时间分散"比"空间分散"更重要。如果是在同一时间段在不同银行买基金，这种做法是无效的。因为在同一个时间段，你哪怕在多家银行买的基金，所踏中的市场点位都差不多，你何必东跑西颠地去找同质化的"样本"呢？

第三个雷区：专买规模大的基金，因为基金经理更用心

这个想法似乎很有道理，基金规模越大，基金公司提取的管理费就越多，对基金公司的贡献也就越大，基金经理的责任就越大，自然应该花更多的时间和精力去做好这只基金，因此，业绩应该更好才对。所以，挑基金应该挑大的才好！

事实是不是这样呢？

这个问题很有意思，表面来看逻辑是对的，但结果与逻辑推导不一定吻合。我们来看一个简单的案例：同样是两辆中巴车，大的那辆车配置豪华，小的那辆车残破不堪，车票都是一块钱，你会坐哪辆？

当然是大的。于是，大家都往大的车上挤，实在挤不下了，后来的人才去坐小的那辆车。结果呢，大车上的人太多，反而开得慢了；小车上的人少，"蹭蹭蹭"就往前冲了——有时候，一些看来不起眼的基金，因为卖不太动，盘子小，反而有了翻盘超越的机会。

类似"胖儿子"和"瘦儿子"，难道看起来瘦就不健康吗？其实不一定，"瘦儿子"有时候身体还更好呢。

在挑选基金的时候，尤其是针对同一家基金公司的，有一个"奇数儿子"和"偶数儿子"的基金挑选方法。

一般基金公司发第一只基金时，都会努力运作；发第二只基金时，大家看第一只基金表现好，就蜂拥而入，盘子撑大了基金反而做不好；发行第三只时，大家不太买账了，基金反倒做好了……

按照上述分析，一般而言，"奇数基金"比"偶数基金"更有生命力。不仅对基金公司如此，对同一位基金经理来说也大抵如此：其管理的第一只基金，业绩表现不错，而第一只基金做出名气了，再发第二只基金时，投资者蜂拥而入，规模大了，业绩也就一般，对基金经理的名气就产生了负面影响；而后再发第三只基金，规模变小了，基金经理努力想赢回声誉，拼了老命去做各种研究，业绩又变好了……如此周转循环，生生不息。

综上所述，投资者挑选基金时，不一定挑最大的，选择规模小的反而会更好，因为"船小好调头"。

六、投资基金的妙招：分散播种，集中收获

投资是一个不断寻找确定性的过程。"分散播种、集中收获"就是一个确定性很强的基金投资策略，该策略就是每年度均衡认购银行[1]推荐的新发偏股主动基金，第二年4月1日予以集中赎回的基金投资策略。

---

[1] 本书案例主要参考中国建设银行历年首发的新基金情况做对比分析。

（一）什么是"分散播种"

我们前面提到，基金的差异性很大。正如正态分布一样，大部分基金的业绩都处于中间水平，可是总有基金分布在头和尾，其中分布在头尾的基金业绩很容易被投资者关注到，因为这些基金的业绩要么极好，要么极差，而更重要的是，很多投资者不知道，这些极好和极差的基金经理，其实属于同一类人，就是他们的投资风格其实是一样的！

为什么这么说呢？

打个比方，读书时，你如果考了0分，毫无疑问，一定是全班、全年段乃至全校最后一名，因为0分就是最低分。可是，在做投资的时候，你拿了0分就说明收益率为0，这可不是最低分，因为还有负数！

之所以说排名在第一和末尾的基金经理投资风格基本一致，不客气地说，这些基金经理和赌徒是一样的，就是重仓某1～2个行业，如果赌对了，自然业绩很好，如果赌错了，业绩一落千丈，而这些赌徒式的基金经理又很容易被投资者关注。大家如果不信，可以去查查那些排名前列和末尾的基金经理，其持仓风格基本都是一样的。

所以，千万不要全买某只基金，一定要分散投资，大部分投资者出现亏损，其实就是没有分散投资，喜欢集中持仓。买基金要分散，其实部分基金经理的业绩不错，但是不容易被投资者关注。投资者要强迫自己进行分散投资，这样才能降低"赌徒式"的基金经理对投资者财富的影响。

（二）为什么要"集中收获"

那么，为什么说要在4月1日"集中收获"呢？这可不是"愚人节"的玩笑。

大家有没有发现，每年从4月开始，A股市场包括海外市场会大概率出现调整。为什么呢？其实道理很简单，每年从4月和5月开始，上市公司开始集中披露一季报和年报,而此时,业绩不好的公司非常容易"暴雷"。大家还记得吗,A 股市场上,有家上市公司叫獐子岛,每年 4～5 月份,这家公司的扇贝就会"集体出逃"或"集体自杀";"康美药业财务造假案"曾震惊整个金融界。

这些离奇事件基本是因为上市公司发现掩盖不住或者会计师事务所无法出具审计意见了,才被迫披露自己的严重问题。因此,在 4 月和 5 月披露季报和年报的时候,市场上不断"暴雷",这就是为什么投资者要在 4 月 1 日提早减仓的关键所在。

这些投资方法都是经过长期观察,加上无数投资者的血泪教训总结出来的,完全经得起时间的考验。

(三)"分散播种,集中收获"的实证案例

2016 年,在中国建设银行"分散播种"布局新发基金产品,至 2017 年 4 月初,平均收益率达 3.96%。2017 年继续采取"分散播种"的策略,至 2018 年 4 月初,平均收益率达 7.94%,即使在熔断和中美贸易摩擦加剧的影响下,依然逆市取得正收益率。见图 1-3。

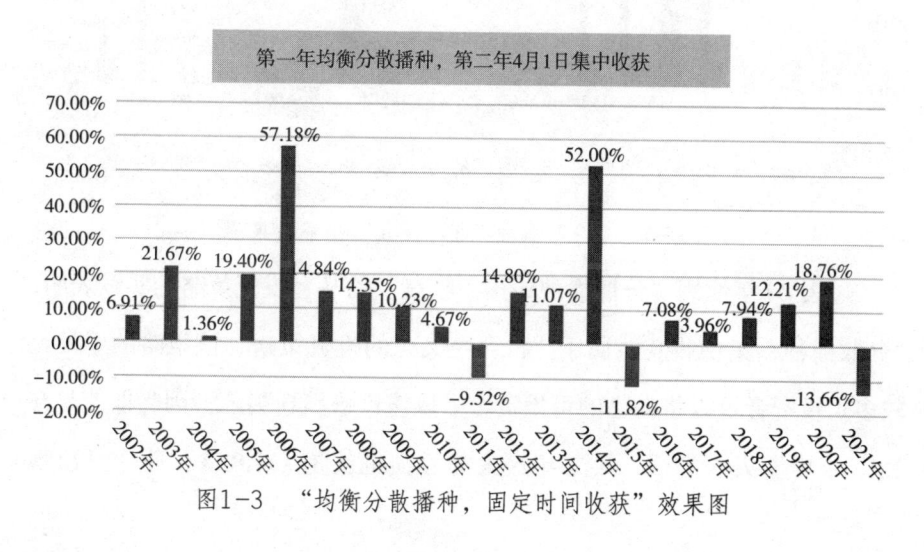

图 1-3 "均衡分散播种,固定时间收获"效果图

分散播种，集中收获：基金专家手把手教你做投资

如图1-3所示，2002～2021年，每年从年初1月1日到年末，均衡认购中国建设银行推荐的主动偏股基金，共计20个年度样本，有17个样本是盈利的，仅2011年，2015年和2021年分散买入的样本，到第二年4月1日是亏损的。

2017年，平均认购中国建设银行推荐的61只基金，到2018年3月30日平均盈利7.94%，如果按2017年中国建设银行全国基金销售金额9000亿元计算，客户财富增值累计可达715亿元。因此，可以说"分散播种，集中收获"是一个价值数百亿元的投资理财预测。

在实践中，不少银行的理财经理都组织基金客户获利赎回了，这也是投资者到银行投资基金的一个重要理由，果实熟了，会有人建议你摘取胜利的果实。见图1-4。

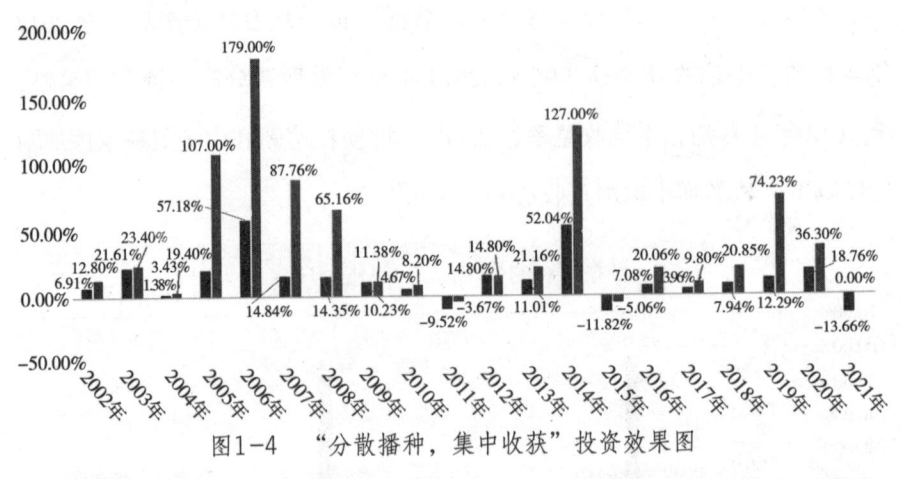

图1-4 "分散播种，集中收获"投资效果图

过去20年使用"分散播种，集中收获"的基金投资策略的实践表明，"分散播种，集中收获"属于"机会主义"的投资策略，该策略的好处比较多。投资者可以将自己的可投资金采取该策略满仓买入，因为即使是在2015年均衡买入的话，第二年最大的亏损也就是-11.82%，而一旦出现

"大行情",最高收益率达到179%,最大盈利和最大亏损比为15:1,这意味着"分散播种,集中收获"是一个性价比不错的做法。

利用"分散播种,集中收获"策略,在第二年4月1日集中赎回,平均回报可达12.17%,如果能在第二年最高点赎回,则平均回报高达40.68%,很显然,这个收益率也是广大投资者的努力方向。

总之,实践证明,"分散播种,集中收获"是广大散户投资者控制投资风险、分享资本市场发展成果最为有效的投资策略之一。

第二章
投资理财，开启你的财富自由之路

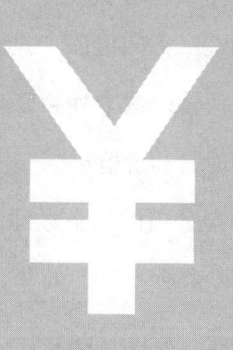

一、焦虑使人勤奋工作，质疑才能发现新路

有人认为焦虑和质疑不能创造价值，但仔细一想，会发现这个观点大错特错。

（一）焦虑能使人勤奋工作，创造更多价值

当前，看看各个城市的写字楼里熬夜加班加点的白领们，何尝不是出于对过更好生活的焦虑而努力工作。

每一个人的工作都是在创造价值的，虽然多数人工作的目的更多是改善生活，让家人过得更好，但正是因为每一个人的努力，最终汇聚成无穷的力量，推动着社会进步，创造巨大的价值。我们要"撸起袖子加油干"，每个人都"撸起袖子"，勤勤恳恳，这个社会就会不断进步，虽然我们只是一个螺丝钉，但螺丝钉也有使命和价值。

曾经接触过一位上海某基金公司的基金经理，其年薪百万元，扣除每年20多万元的按揭支出、日常生活开支、养车、保姆、小孩培训班等费用后，基本上所剩无几。该基金经理因育儿、住房倍感压力，焦虑不已。

然而，这位基金经理很好地把压力变成了动力，在其基金发行期间，马不停蹄地到全国各省市进行培训和路演，还安排时间到上市公司进行深入调研，了解公司高管的经营思路，甚至深入体验一线生产环境、查看库存存货等情况，其所追求的，正是为提升基金投资业绩让持有人能获得实

实在在的回报，同时提升自己的收入水平。

很显然，这就是一个能够说明焦虑使人努力奋斗的案例。

（二）质疑可以发现新路，助力财富自由

人人都有出于对美好未来的憧憬而不断奋斗的动力，但如果没有质疑的精神，努力的方向错了，则有可能和目标背道而驰，渐行渐远。

在日常投资理财中，更需要具有质疑的精神，甚至可以说，质疑精神是广大投资者拨云见日、寻求真相的法宝。

在2007年的牛市中，有分析师提出的"万点论"让人血脉偾张；而在2015年的牛市中，"4000点牛市起点论"也曾甚嚣尘上。这个时候，如果没有质疑的精神，把全部身家"押宝"进场，甚至动用杠杠融资买入，这些投资者可能会因此陷入巨额亏损的境地。

同样地，我们要想实现财富自由，也需要有止盈的精神。如果问：勤奋工作和正确选择，哪个更容易实现财富自由？每个人的回答肯定是不一样的。

"书山有路勤为径""勤能补拙"等名言警句在教育我们要勤奋，但考试中也有很多选择题。说到底，前面勤奋学习也是为了后面在关键时候，让我们做出正确的选择。

进入社会后，各种问题已经没有标准答案，是对是错都要接受市场的检验。在资本市场的博弈中，仅靠勤奋是不够的，更需要正确地选择。市场行情每日的涨跌，基金经理每一次交易抉择，都是对与错的选择。客观来说，要求基金经理每次都能做出正确的选择是不现实的，但要求基金经理的选择大概率正确却是可以做到的。

普通投资者在投资理财中也是如此，不能苛求每次的选择都是对的，但只要大部分选择都是对的，根据帕累托原则（即二八定律），也就可以

实现财富自由。

换句话说,努力和勤奋工作是基础,但正确的选择可以让我们更快实现财富自由。

二、科学方法投资基金,坚持到底方可发财致富

投资是一门艺术,更是一门科学。

很多投资者觉得自己是"幸运儿",经过市场洗礼和教育之后才发现自己原来是"韭菜"。可是,还是有很多投资者不认输,虽然知道自己是"韭菜",却依然不甘心,不认为是自己的问题,他们从未想过为什么别人投资可以赚钱,自己总是亏钱。

我们要认识到,投资是一门科学,我们要学习前人的积累,也要学习科学的研究方法;同时,还需要知道科学是有边界的。更要认识到科学研究是比较枯燥的,没有"十年的冷板凳"不会有什么收获,这一点非常值得投资者反复揣摩。

(一)投资是一门科学,投资方法要保持一贯性

海通证券首席经济学家荀玉根老师曾经在他的书中举了一个例子,非常形象,大概意思是:他们刚开始做研究的时候,都想用好所有的研究方法,就像学习武功一样,想学习天下所有的武功,少林、武当、峨眉等功夫全要学习,然后锻炼成天下无敌的绝世高手。可是,经过多年的工作和学习后发现,所谓的绝世高手并不是学遍天下武林绝学,而是结合自身的

特点，把自己最擅长的某一种方法练到极致。

投资也是如此，刚开始的时候，很多投资者想学习所有的投资方法，赚尽天下的钱，这么做的投资者，最后肯定是亏钱的。

道理很简单，投资既然是一门科学，我们就需要坚持投资方法的一致性和一贯性。

具体来说，我们只需选择一种投资方法，然后一直坚持下去。很多投资方法其实都是经过前人验证的，我们就只需要"站在巨人的肩膀之上"，然后结合自己的特点把这种方法坚持下去，未来再根据市场情况等稍微调整一下，就已经很厉害了。

举个例子，"分散播种"投资方法，就是分批买入推荐的新基金，这种方法看似简单，其实并不容易做到。就像很多武功，看似平淡无奇，但是要坚持练习却是很不容易的。

2015年的资本市场中，如果投资者坚持"分散播种"的投资方法，承受相对较小的风险就能获取较高的收益。

"分散播种"的方法看似简单，但只要保持这种投资方法的一贯性，不管风吹雨打，最后能获得不错的收益。如果投资方法换来换去，结果往往不尽如人意。

（二）投资也要学会"坐冷板凳"，坚持到底才能胜利

投资也需要学会"坐冷板凳"。在投资的过程中，很多时候市场都是"不温不火"的，非常折磨人，此时更要坚持下去，因为黎明的曙光就在前面！

很多投资者之所以亏损，是因为他们总是想赚快钱，不想"坐冷板凳"。比如，市场火爆的时候重仓"押宝"进场，市场低迷时则不敢投资。还有部分投资者原本分散认购新基金，但一看老基金涨得快，马上改变投

资策略,开始重仓追老基金,但是"快进"却做不到"快出",买入后大概率被套。

其实,"分散播种,长期持有"基金投资策略就属于坐投资的"冷板凳",坚持这种方法不动摇,甚至可以做到投资跌幅有限,涨幅相对无限。

从2001~2021年的历史数据看,在各年度"分散播种"投资组合中,截至2022年6月30日,仅2021年度的投资样本亏损-7.19%,收益最高的年份是2004年,总收益率达到1212.85%。20年各年度平均收益率348.45%,年化收益率32.92%,复利年化收益率15.23%。坐"冷板凳"自然要承担一定的风险,但收益是极为可观。见表2-1。

表2-1 2001~2021年"分散播种"的收益率

平均认购成本为面值1元

年度	单位净值（元）	复权累计净值（只）	发行数（只）	平均运行时间（天）	年化收益率（%）	复利年化收益率（%）	总收益率（%）
2001年	1.0730	6.9314	1	7380	29.34	10.05	593.14
2002年	1.0845	5.8691	2	7140	24.89	9.47	486.91
2003年	2.4616	10.7701	6	6794	52.49	13.62	977.01
2004年	3.5527	13.1285	8	6434	68.81	15.73	1212.85
2005年	3.5627	11.3620	7	5311	71.21	18.18	1036.20
2006年	2.5563	6.0345	27	5709	32.19	12.18	503.45
2007年	1.4444	2.5788	9	4907	11.74	7.30	157.88
2008年	2.7734	5.1738	19	5028	30.30	12.67	417.38
2009年	2.2023	3.0752	56	4754	15.93	9.01	207.52
2010年	2.4536	2.9314	30	4320	16.32	9.51	193.14
2011年	2.5630	3.1830	32	3974	20.05	11.22	218.30
2012年	3.3528	4.6122	15	3633	36.30	16.60	361.22
2013年	3.4428	4.1389	20	3064	37.39	18.44	313.89
2014年	2.8152	3.0754	34	2881	26.30	15.30	207.54
2015年	1.7326	1.7994	74	2544	11.47	8.79	79.94

续表

年度	单位净值（元）	复权累计净值（只）	发行数（只）	平均运行时间（天）	年化收益率（%）	复利年化收益率（%）	总收益率（%）
2016年	1.9228	1.9954	45	2171	16.73	12.31	99.54
2017年	1.8880	1.9051	58	1789	18.47	14.06	90.51
2018年	1.7640	1.8185	66	1134	26.34	21.22	81.85
2019年	1.6811	1.7184	48	1087	24.12	19.94	71.84
2020年	1.1348	1.1453	92	724	7.32	7.07	14.53
2021年	0.9271	0.9296	86	363	−7.19	−7.19	−7.14
均值	2.2089	4.4845	35	3864	32.92	15.23	348.45

截至时间：2022年6月30日

各年度均衡"分散播种"，指的是每年投资的金额是相对固定的，这些固定的筹码在均衡分布于每年度的新发基金里。这个策略看似简单，实则有一定难度，主要是每年发行的基金只数是不确定的，因此，如何将每年固定的金额均衡分散配置到各年度新发基金中，有时候显得相对困难。

但是，只要深刻领会了"分散播种"的方法，则每年发行基金只数不确定的风险就可以迎面而解。具体做法是，投资者只需要将每年固定的金额按月份分解，如每个月投资两只新发基金，则一年投资24只新基金，用这种方式投资，所获取的最终回报高于计算全样本的投资收益，这一点在过去15年的历史中已经得到证明。这也充分说明，对散户而言，A股最大的风险是短期系统风险，空间的分散无法分散系统风险，只有时间的分散才能化解。

三、如何抵御通货膨胀

从经济学角度而言，适当的通货膨胀可以促进经济发展，因为在通货膨胀的情况下，产品价格的上涨速度一般总是快于名义工资的提高速度，企业的利润就会增加，这又会刺激企业扩大投资，带动更多就业，从而促进经济增长。

不过，老百姓就不是这样想的了：物价上涨有什么好的，物价下跌买什么都便宜，那才好呢。其实，如果物价普遍下跌就会通货紧缩，这时产品滞销，企业就会缩减生产节约成本，甚至裁员，不仅老百姓收入下降，还会导致大量的失业，从而会产生更多的社会问题。因此，适度的通货膨胀有利于经济健康发展。

但是，如果物价上涨过快，也会带来很多问题。

比如，结构性的通货膨胀一直在某些行业存在。在过去几年中，"蒜你狠""豆你玩""姜你军""糖高宗""苹什么"等网络名词的出炉，背后是一轮接一轮、一个品种紧接一个品种的价格上涨，老百姓对生活物资涨价的感受特别清晰。

既然通货膨胀如影随形，作为普通老百姓，我们应该如何抵御通货膨胀呢？

作为一名银行理财师，首要的责任就是帮助老百姓跑赢通货膨胀，让老百姓的"钱袋子"不缩水，这是每个理财师义不容辞的责任。

自 2001 年开放式基金诞生以来，基金投资给广大投资者的感受是"让我欢喜让我忧"，大部分投资者也知道基金是专业投资，战胜散户是大概率事件。但做基金投资如果不讲究方法，稍有不慎仍逃脱不了被套和亏钱的厄运。下面是科学合理地进行基金投资的"三招"，只要在投资基金前先掌握这"三招"，即可"抵御通货膨胀于家门之外"。

基金抗通货膨胀招数一：分散认购，长期持有

2001～2015 年，中国建设银行发行主要 A 股新发基金 345 只，如果投资者平均分散认购以上基金，战胜通胀易如反掌。截至 2016 年 12 月 8 日，投资者能取得不错投资的回报：客户平均持有期限 2047 天，平均累计净值 2.055 元，平均年化单利回报 18.83%，复利回报 14%。很明显，这样的投资回报能够战胜通货膨胀。

如果持续"分散认购"中国建设银行推荐的新发偏股基金，平均成本 1 元，过去 16 年最低平均净值 0.961 元，最高平均净值达 3.1167 元，最大亏损 −3.9%，最大盈利为 211.67%，基本上实现较低风险较高收益，也能战胜通货膨胀。

本招适用于有稳定现金流收益，对资本市场和基金公司有一定了解，能把握自己投资行为的投资者。

基金抗通货膨胀招数二：分散认购，集中赎回

2002 年至 2016 年 4 月，如果投资者每年分散均衡认购新发基金，假设第二年 4 月 1 日集中全部赎回，通货膨胀率和投资收益率相比显得微不足道：14 年中，有 12 年取得正收益，仅 2011 年跨 2012 年出现 −9.52% 和 2015 年跨 2016 年出现 −11.82% 幅度的亏损，其他年份均取得正收益，投资者采用"分散认购，集中赎回"策略，14 年累计取得了超过 479% 收益，单利年化回报 32%，复利年化 13%，远超通货膨胀率。

本招适用于已经积累一笔可观财富的投资者。

基金抗通货膨胀招数三：基金定投，长期受益

最后一招，就是基金定投。长期坚持基金定投也可以很好地战胜通货膨胀。

举个例子：中国建设银行推荐的"用'薪'定投、体面养老"和"子女成才、定投护航"两款定投套餐，长期来看都可取得年化超过10%的投资回报。

此招适用性最广，一是适用于想战胜通货膨胀的人，二是适用于没有时间、没有专业知识的各种"懒"人。实践证明，长期定投是战胜通货膨胀的有效法宝之一。

由此可见，根据经过长期实践证明的有效投资方法进行基金投资，保卫财富果实，"抵御通货膨胀于家门之外"是可以实现的。

四、封闭式基金是健康理财之道

在资本市场中，每逢暴涨暴跌，大量散户就会跟风买入或抛售基金，最终受到伤害的都是自己。有一定投资经验的投资者都知道，在资本市场上，极端情绪的"破坏力"。

在A股市场30多年的发展历程中，封闭式基金，在市场行情的跌宕起伏中取得了不俗的投资回报。只不过，对于大部分投资者而言，封闭基金的封闭期太长了，一般至少在15年。

随着市场的不断发展，基金公司开始推出各种期限的定期开放基金。从目前的运作情况看，这种基金有效克服了散户对短期市场剧烈波动的恐惧，获得了中长期来看不错的投资收益。现在我们来讲一讲，为什么封闭式基金其实是普通投资者的不错选择。

我们在前面分析过，很多投资者之所以亏钱，是因为交易太频繁，心态不稳，买了基金后，每天都去和别的基金表现比较，每天都去看市场涨跌情况，就像武林人士，会了一点功夫，马上想和别人比武。不仅易搞坏心态，而且会受伤，还没有时间静下心来好好练功夫。

其实，投资也需要像练功夫一样，"闭关修炼"才可以获得真正的武功。那么，投资基金如何"闭关修炼"呢？

封闭式基金就是让投资者专心投资、"闭关修炼"的武林秘籍。下面一起来了解封闭式基金的表现如何。

首先，来看看我国第一只封闭式基金的运作情况：南方开元封闭式基金成立于1998年3月27日，封闭期15年，截至2013年2月18日，在15年"闭关修炼"的时间里，累计收益率719.46%，年化收益率15.16%！而同期上证综指涨幅仅97.91%，年化收益率4.69%。非常明显，第一只"闭关修炼"的封闭式基金超额收益高达621.55%，打败了绝大多数的开放式基金，成为"基金江湖"中的一名高手。

其次，如果投资者认可了"闭关修炼"是成为绝世高手的必要条件，那么当市场跌到3000点左右时，是否适合进行3年期的闭关修炼呢？

不妨举个例子：当在上证指数市场跌回3000点的时候（2022年4月，上证综指跌回2800点），投资者"闭关修炼"，效果如何呢？见表2-2。

表2-2 封闭式基金收益率情况表

成立日期	持有时间	基金类型	成立基金数（只）	赚钱基金数（只）	赚钱概率（%）	平均收益率（%）
2008.07.31~2008.10.31	三年	偏股混合	9	9	100.00	49.77
		灵活配置	3	3	100.00	63.07

续表

成立日期	持有时间	基金类型	成立基金数（只）	赚钱基金数（只）	赚钱概率（%）	平均收益率（%）
2011.07.19～2011.10.19	三年	偏股混合	14	12	85.70	21.63
		普通股票	1	1	100.00	23.02
		灵活配置	5	3	60.00	11.83
2016.01.26～2016.04.26	持有至2018.06.29	普通股票	16	13	81.30	21.25
		偏股混合	10	7	70.00	5.32
		灵活配置	116	92	79.30	8.77
合计	—	—	174	140	80.50	13.98

从表2-2可以看出：2008～2016年，在上证指数三次击破2800点后3个月，买入新发权益基金且持有满三年，赚钱基金概率是80%，平均收益率是13.98%；

2018年6月29日，上证指数收盘点位仅为2847.42点，而且最后一次买入新发基金业绩区间未满三年，如果剔除最后一次的基金样本，则赚钱概率为87%，平均收益率是31.94%。

所以，投资和习武其实是一样的，如果想要获得更高的武功，成为绝世高手，就要买入封闭式基金或者不要频繁交易，进行"闭关修炼"，从而获得更高的收益。

五、教你四招，实现财富自由

来看我的朋友老张的故事。大学毕业后，当时的小张就勤勤恳恳、兢兢业业工作了15年，随着年龄增长，小张也慢慢变成老张。虽然单位的效益一般，但是老张辛苦半辈子，通过省吃俭用也有了100万元的积蓄，后来，虽然房子和车子都有了，但人至中年，上有老下有小，老张总感觉这点积蓄不够用，老张一直在思考，如何能在10年内积累500万元的财富，实现财富自由。

应该说，实现财富自由不仅仅是老张的梦想，也是每一个人的梦想，那如何去实现这个梦想呢？

下面和大家分享基金投资的四招，这四招得到了老张的认可，也希望能够帮助大家实现财富保值增值。

（一）科学投资：通胀无情，投资有道

首先，一定要树立投资思维。老张辛苦打拼了15年才攒下100万元，按照这个进度，再打拼15年，也才积累另外一个100万元而已。老张只有改变思维，投资理财才能实现财富的更快增长。

其次，要认识到投资是一门科学，不是随随便便每个人都可以成功的。既然投资是门科学，那就要进行科学投资！

最后，公募基金则是科学的投资方向，学会投资公募基金可以更快地积累财富。

（二）掌握方法：基金定投，分散播种

在通货膨胀长期存在的情况之下，正所谓"不投资等死，乱投资找死。"尤其是散户，很多人投资毫无章法或者跟风买入基金，盲目追捧所谓的"明星基金经理"，最后往往损失惨重。

如果采用"分散播种，集中收获"的基金投资方法，每年均衡买入新发偏股基金后，第二年4月集中赎回，年化复利收益往往令人满意。如果采用长期基金定投，即每月固定金额、固定时间买入固定几只偏股基金的方法也可以获得不菲收益。

（三）长期负债：适当负债，杠杆投资

我在长期的工作过程中发现，经济实力一般的人都喜欢存钱，而那些富裕的客户每天想着如何从银行借钱，利息越低越好，贷款额度越多越好。

这是什么原因呢？经济实力一般的人投资渠道少，或者说，他们的风险偏好比较低，收益和风险是成正比的，不愿意承担风险自然很难获得高收益了。与此相反，富人更愿意冒险，投资渠道也比较多。他们总想着如何从银行借到低息的资本然后去投资赚钱。

换句话说，我们一定要有富人的思维，这不是鼓励大家都去借钱投资，而是在自己能够承担的范围之内，用长期的合理负债获得长期杠杆收益。长期合理的负债可以让我们有更多钱去投资。

（四）紧跟大咖：紧跟专家，学习方法

投资理财是一项技术活，必须有专业指导。千万不要认为单打独斗就能发财致富，这种概率是极低的。

要向身边的专业人士学习，如向理财经理咨询投资建议，由其给予专业指导，投资者仅需"谨遵医嘱"，按既定投资理财方案进行投资，然后定期适当调整一下投资产品组合，长期坚持下来，就可获得不错的收益。

老张了解这四招之后，如获至宝，不禁惊呼道：如果10年前开始基金定投，而不是把钱存银行，那么今天的资金肯定不止100万元了。最好的投资时间是10年前，其次就是现在。从现在开始投资，更早实现财富自由。

第三章
投资理财为什么要选择
公募基金

一、金融食物链，散户处于最底层

很多投资者喜欢自己投资炒股，甚至，你还能经常听到"民间股神"如何"逆袭"，发财致富的故事。可是，这么多年过去，当年的"民间股神"至今收益如何呢？

有句古老的谚语，"只见贼吃肉，不见贼挨揍"，形容投资就是，你看别人赚钱非常风光，其实，如果看过他亏钱的样子，你就知道，表面风光之下，真实情况并不是你想象的那么美好。其实，投资者都会有这样的心态，只和别人说赚钱的股票或基金，而亏钱的部分都咽到肚子里。

有人形容A股市场的投资者基本是"七亏二平一赚"，即90%的投资者都是赚不到钱，甚至大部分是亏钱的。那为什么在A股市场投资炒股赚钱如此之难呢？归纳总结起来，主要有如下几个原因：

（一）A股市场的本质是一个博弈市场

这对广大投资者来说是一个很重要的命题。所谓博弈，就是你赚的钱，是别人亏的钱。为什么这样说呢？

如果你有一些基础的金融知识，就会知道，很多股市投资者（比如巴菲特）进行短期或长期投资，更看重上市公司的分红率，上市公司分红率的高低是一个股市是否健康最重要的指标之一。遗憾的是，如果参考这个指标，A股现在还算不上健康的市场。

A股市场大概率是全世界分红率最低的市场。下面，我们来看一下A股市场历史上最具投资价值公司（蓝筹公司）分红最好年份的表现。见表3-1。

表3-1　A股市场主要蓝筹公司2008年分红情况

股票名称	2008年年初股价	2008年每股分红	股价回收年限（年）
中国石油	30.58	0.2532	120
工商银行	8.08	0.1485	57
建设银行	9.80	0.1748	56
中信证券	86.59	0.4500	192
中国石化	23.21	0.0270	859
中国神华	63.93	0.4140	154
万科A	29.19	0.0450	648
中国平安	102.99	0.1800	572
中国人寿	56.48	0.2070	272
平均值	45.65	0.2111	226

2007年是A股历史上经营业绩最好的年份，2008年是A股历史上分红率最高的会计年度，即使是最好的分红年份，投资A股最优质的上市公司，通过分红回本需要的时间平均也要226年。由此可见，A股市场的投资者要学习股神巴菲特，前提是要活得特别久，只有做一只千年的"忍者神龟"才有可能回本。而2009年分红2008年的业绩，很多公司基本上是一毛不拔。遇到绝大多数这样的年份，活得再久也是回本无望。因此，对二级市场的绝大多数投资者而言，想要在A股市场赚钱，就只有博弈这条路了，也就是说，你要赚别人亏掉的钱。见表3-2。

表3-2　A股市场主要蓝筹公司2009年分红情况

股票名称	2009年年初股价	2009年每股分红
中国石油	10.38	10派1.2417

续表

股票名称	2009年年初股价	2009年每股分红
工商银行	3.60	不分红
建设银行	3.89	不分红
中信证券	18.86	不分红
中国石化	7.19	10派0.7
中国神华	18.24	10派5.3
万科A	6.70	10派0.7
中国平安	28.85	10派0.7
中国人寿	19.43	不分红
平均值	13.02	—

（二）A股的金融食物链：公募基金处于顶端

弱肉强食是自然界的一项基本法则，有利益争夺的地方这条法则就会生效，这条法则伴随着生命起源而产生，是自然界资源高效率配置的原因所在。而当现实社会中出现强肉弱食的时候，资源的最优配置可能就无从谈起。特别是在资本股票市场的博弈中，基金公司在股票市场投资主体中越来越拥有一定的强势地位，其中开放式基金在资本市场金融食物链中处于顶端的地位。

目前，股票市场中的投资主体主要有：基金公司、证券公司、QFII❶、机构法人、个人大户和个人散户等。从资金规模看，公募基金、私募基金和证券公司是股票市场中的最大投资主体，而公募基金公司密集位于北京市、上海市、深圳市等地，资金集中度高，在资金、人才、信息、政策等方面，基金公司具备明显的比较优势。在经营管理方面，受《中华人民共和国证券投资基金法》的制约，基金公司已经发展成长为监管最严格、运作最规范的投资主体。通过图3-1的数据，可以说明公募偏股基金在A股

---

❶ QFII一般指合格境外机构投资者。

中的相对优势地位。

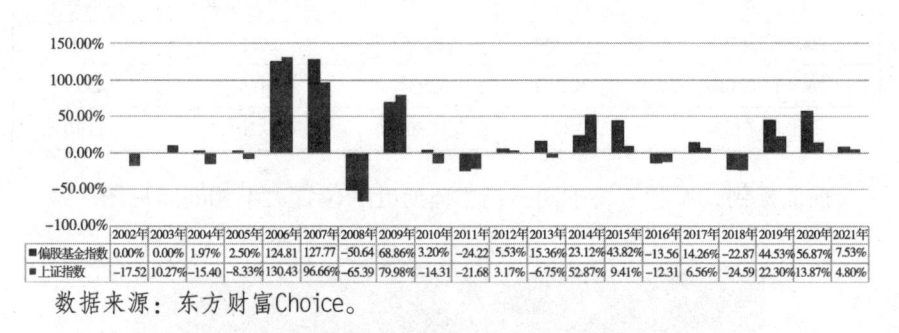

	2002年	2003年	2004年	2005年	2006年	2007年	2008年	2009年	2010年	2011年	2012年	2013年	2014年	2015年	2016年	2017年	2018年	2019年	2020年	2021年
偏股基金指数	0.00%	0.00%	1.97%	2.50%	124.81	127.77	-50.64	88.86%	3.20%	-24.22	5.53%	15.36%	23.12%	43.82%	-13.56	14.26%	-22.87	44.53%	56.87%	7.53%
上证指数	-17.52	10.27%	-15.40	-8.33%	130.43	96.66%	-65.39	79.98%	-14.31	-21.68	3.17%	-6.75%	52.87%	9.41%	-12.31	6.56%	-24.59	22.30%	13.87%	4.80%

数据来源：东方财富Choice。

图3-1　偏股开放式基金与上证指数增长率对比图

由图 3-1 可见，2002～2021 年，开放式公募基金走过完整的 20 年，并大幅战胜市场。过去 20 年，基金平均复权增长率为 13.96%，上证指数增长率仅为 2 倍，而国外成熟市场基金长期收益和指数基本一致。

散户大量存在而且人数占比较大，是 A 股基金具有长期投资价值的一个重要现实基础。股票基金能大幅战胜指数，主要原因是 A 股市场存在大量散户，基金超额收益来自散户超额亏损。

多年的投资数据显示，个人投资者在资本市场上基本是亏钱的，树立公募基金在资本股票市场中的相对强者形象，是基金销售人员首要的重点工作，他们应该努力让个人投资者认识到，公募基金就是资本市场食物链中的最高级别，只有这样才能使个人投资者投资基金就如同找到组织一般的亲切。对个人投资者而言，投资开放式基金正是其化弱为强的有效途径，这种理念相对容易被在股票市场碰得头破血流的个人投资者所接受。

如表 3-3 所示，2007 年 3 月 19 日，上证指数历史上第一次冲上 3000 点，两年半后，在 2009 年又回到 3000 点，指数没有涨，而全部偏股主动型基金却整体上涨了近 50%。

表3-3　上证指数3000点时，偏股主动型基金增长率

日期	上证综指	沪深300	ETF基金指数	股票基金
2007年3月19日	3014	2659	2652	3190
2009年9月14日	3027	3293	3426	4565
增长率（%）	0.40	23.80	29.20	43.10

前面提到，A股市场不同市场主体所处的位置大不相同。见图3-2。

图3-2　金融食物链

图3-2深刻地揭示了资本市场真实而残酷的一面，对广大个人投资者的思维造成强大冲击，原本以为可以靠自己单打独斗在股票市场中博弈获取收益的幻想迅速被击破。实践证明，在基金营销过程中，对于曾经投资于股票市场，无论是已经盈利还是亏损被深度套牢的客户群体，金融食物链理论作为基础的营销模式是极为有效的。

因此，奉劝A股市场的散户投资者：股海无边，基金是岸！

二、散户缘何喜欢自己投资炒股

为什么散户特别喜欢自己投资炒股？其实，这是行为金融学中一个非

常经典的偏见，即过度自信。关于过度自信的理论，我们举个简单的例子：你随便问一个司机，他的车技是高于平均还是低于平均水平，或者就是平均水平，70%～80% 的司机会认为，他们的车技高于平均水平，而我们都知道，从理论上而言，只有不到 50% 的司机车技是高于平均水平的。投资也是如此，大部分投资者都觉得自己能够在资本市场上赚钱，总觉得自己就是万里挑一的幸运儿，所以投资炒股。

其实，不仅是投资炒股，"中国大妈"挑战华尔街买黄金的真实案例也有异曲同工之妙。

（一）"中国大妈"挑战华尔街，被套近十载

一直以来，中国资本市场的投资者结构皆是以"散户"为主，甚至有人开玩笑说，是"中国大妈"在左右中国资本市场。事实上，"中国大妈"的力量有时候确实不容小觑，不仅能影响中国资本市场，甚至有时候还能影响国际市场，以黄金市场为例。见图 3-3。

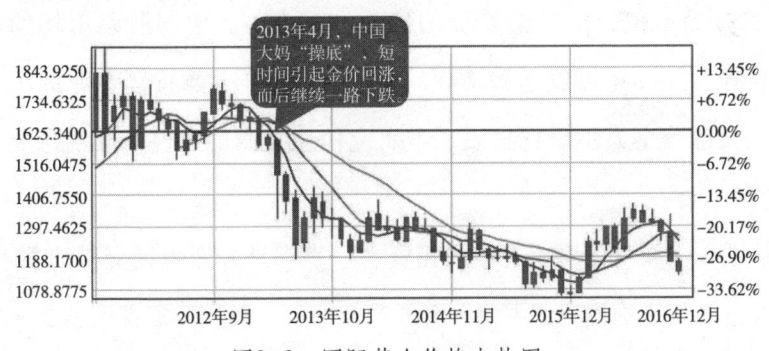

图3-3 国际黄金价格走势图

2013 年 4 月，国际金价暴跌，传说中的"中国大妈"逆势而为，在 10 天内抢金近 300 吨（约占全球黄金年产量的 10%，甚至引发了"中国大妈"完胜"华尔街"的报道），导致当时黄金价格小幅上扬。

彼时确实风光无限，可是随着黄金价格一路暴跌，曾经最低跌到接

近1000美元/盎司，回头再看当时"中国大妈"的行为无异于螳臂当车，已然伤痕累累、被深度套牢了。直到近十年过后，黄金价格才重新回到2013年，"中国大妈"们被套近十年。但是"中国大妈"还是很有具有"乐观主义精神"的，很早就开始了持久战，已经准备把黄金都留给下一代。

（二）为什么中国散户自己投资炒股

在中国资本市场上，"中国大妈"也混得风生水起，以散户为主的投资者结构，一直以来都是让监管层觉得头疼的问题。有人分析道："散户为主的资本市场波动极大，而且个人投资者的一大特点就是追涨杀跌，买的时候拼命买，卖的时候拼命卖。2007年上证指数6000多点的时候，众人排队买股票，当专业投资者去了。跌下来的时候他们发誓，说只要涨上去就把股票卖了，一辈子再不进股市了，但真正涨上去的时候又说死了也不卖……个人投资者缺乏理性，靠感觉来投资。个人投资者虽然只持有27%的市值，但是交易量的比重达到85%。中国股票市场的换手率全球第一，一年可以达到700%、800%。除了少数特别专业的个人投资者，大部分个人不研究报表、不研究信息披露的文件，靠消息驱动做投资。"

从图3-4就可以看出，散户投资者一直都是A股投资交易的主力军，虽然最近几年机构投资者占比有所提升，但是，散户投资者依然是A股的交易的主导力量。

为什么A股市场上散户投资者如此之多，而且他们特别喜欢自己进行投资交易呢？主要有如下两个原因：

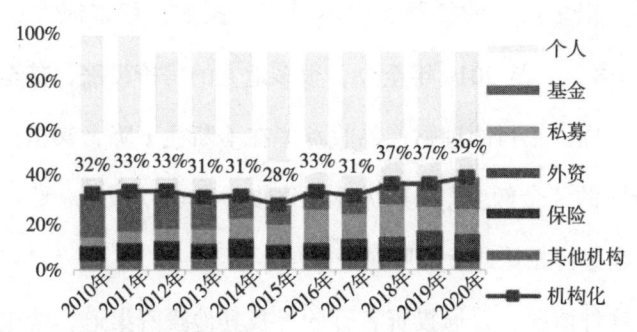

数据来源：Wind，财通证券研究所。

图3-4　2010～2020年A股市场各类投资者占比

1. 房价暴涨，助长了普通老百姓"赌"的心理

高房价已经成为普通老百姓很大的一个负担，尤其最近几年，房贷对普通人来说是很大的压力，而且，在中国买房的过程，那基本就是类似"赌"的过程，当年胆大敢借钱敢加杠杆以一搏十买房的人都赚钱了，如果让中国老百姓总结一下过去买房的经验，基本就是"如果我当年胆子更大一些，多借一些钱，多买几套房，我早就赚钱了……"

这种"赌"的心理同样存在于A股市场。

2. 投资渠道少，股市的参与门槛很低

普通老百姓以前的投资模式基本就是"一有钱就存银行，攒够钱就去买房！"在过去的十多年中，很多普通老百姓就是安安稳稳地把钱存在银行，攒够钱再去买房，基本没有其他投资渠道和选择。虽然有一小部分投资者经历了2007年和2015年的资本市场大牛市，但更多的投资者被深套其中，至今回本遥遥无期。

而在过去二十年中，除了少数几年，房价几乎年年上涨，在中国，买房和打新股一样，基本是包赚不赔的投资。可以说，除买房和存进银行以外，普通老百姓基本不做其他投资。

可是，很多过去的投资经验不灵了。比如，很多地方的房价高点在2017～2018年，从2019年至今，很多地方的房价没涨，甚至下跌了，而且老百姓发现，银行的理财产品收益率在不断往下降，甚至被誉为"全民理财神器"的"余额宝"，其7日年化收益率都跌破2%了，很显然老百姓把钱存在银行相比通货膨胀是亏损的。

面对这种情况，普通投资者开始寻找其他投资渠道，希望获得比银行理财更高的收益率，当然，要是能跑赢通货膨胀就更好了。

可是，对普通投资者而言，投资选择并不多，可以说除了房地产就是股市了，而相比投资房地产，股市投资有一个很大的特点，就是准入门槛极低。

买房的成本其实是很高的，而投资炒股的门槛就很低，甚至低到就只需要几百元你就可以成为世界五百强公司的股东，听起来真的很"高大上"。比如，一些银行或者石油石化企业的股价，每股才几元而已，买上一手（100股），充其量只需几百元。相比买房动辄百万元的门槛，股市门槛很低，这也是普通投资者蜂拥而至的原因所在。

门槛低，交易简单便捷，自然而然就吸引了众多散户，尤其2019～2020年的A股表现还不错，很多新投资者包括"90后"乃至"00后"投资者跑步进入资本市场，甚至有些还在股票或基金的评论区开启了"相亲角"，觉得只有买相同的股票和基金的投资者才是"三观"一致。

通过这种分析，想必大家都明白了，为什么中国散户投资者如此之多，而且大有前仆后继之势。那么，这些投资者有什么特点？他们在股市的生存状态又是如何呢？

三、散户的特点和弱点

散户爱炒股,而且很多人觉得自己是万里挑一的"股神"。我们曾经碰到很多普通投资者买了基金后,要给基金经理推荐个股,而且,往往买得越少的投资者越自负,就买几千元或者一两万元的投资者更容易自我感觉良好,而那些投入巨资比如买入几百万元甚至上千万元的大户投资者,反而非常谨慎,也更相信专业的力量,而正是这些人最后更容易赚钱,那些想指点基金经理投资的散户们往往都是亏的。这个有趣的现象其实验证了一条大家都听说过的规律:"富人越富,穷人越穷。"

那么,散户都有什么特点和弱点呢?下面分别谈谈。

(一)散户投资者的基本特点

1. 缺乏理性,投资靠感觉,加剧了市场波动

一直以来,以散户群体为主的投资者结构都是监管层的"老大难"问题,为什么呢?这和散户的投资特征有关。

有文章分析道:"以散户为主的资本市场波动极大"。因为个人投资者的一大特点就是缺乏理性,主要靠感觉投资,加剧了市场的波动。

比如2015年6月15日,上证指数从5000点开始一路下跌,最惊心动魄的是7月的第二周,"星期一竞价千股涨停、收盘千股下跌;星期二开盘千股跌停、晚上千股停牌；星期三开盘千股跌停、收盘千股跌停；星期四开盘期指跌停、午盘千股涨停；星期五再度千股涨停……"这样的市场波动不仅在 A 股市场前所未有，而且在全球的资本市场非常少见，这和中国散户投资者占比太高密切相关。见图 3-5。

7月6日 星期一	7月7日 星期二	7月8日 星期三	7月9日 星期四	7月10日 星期五
竞价千股涨停 收盘千股下跌	开盘千股跌停 晚上千股停牌	开盘千股跌停 收盘千股跌停	开盘期指跌停 午盘千股涨停	再度千股涨停 ……

图3-5　2015年股灾期间A股的异常表现

2. 散户喜欢听信"内幕消息"，炒作热点

A 股市场波动性很大，而且各种"讲故事""内幕消息"不断，虽然散户投资者是"弱势群体"，但是他们非常喜欢"听故事"，而在这种波动性很大而且刚刚起步的资本市场，很多上市公司在没有业绩的情况下，比拼的就是"讲故事"的能力和水平。比如，在 2015 年点对点网络贷款（P2P）非常火爆的时候，有一家公司改名叫"匹凸匹"——改名之后竟然股价暴涨。

更为重要的是，由于中国资本市场才刚刚起步，退市制度还不完善，造就了一些"不死鸟"上市公司，只要不退市，这些公司就可以通过各种兼并重组、资产注入、"讲故事"来重获生机，而普通投资者根本不具备识别这些"造假上市公司"的能力。

3. 散户投资者换手频繁，喜欢短期炒作

虽然中国股市的散户投资者持有的市值不高，占比大概在 30%，但是

交易量的比重却将近80%，换手率奇高无比，基本一年接近10倍的换手率。如前文分析，大部分散户投资者不研究报表，不关注上市公司的信息披露等文件，几乎是靠所谓的消息驱动来进行投资决策。

而且，散户投资者基本没有什么耐心，往往交易非常频繁，根据深圳交易所的研究报告表明，30%左右的散户投资者持股时间在1～6个月，超过50%的投资者持股的时间不会超过1年，见图3-6。事实上，频繁的买卖交易不仅增加了投资成本，也降低了赚钱的概率。

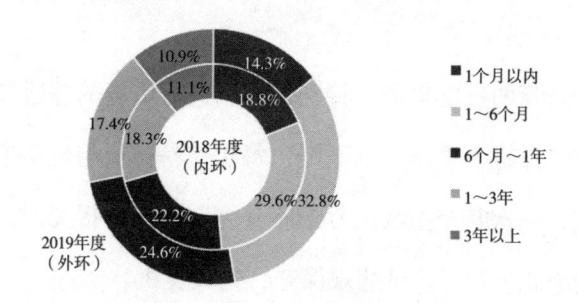

图3-6　散户投资者持股时间

除了以上三大特点，散户投资者有什么弱点呢？所谓知己知彼，方可百战不殆，作为普通投资者，如果真的想要赚到钱，除了了解资本市场运行的规律，了解自己也是非常重要的，正如希腊德尔斐神庙门楣上的名言"认识你自己"，这也是苏格拉底的哲学宣言。

（二）散户投资者的主要弱点

散户投资者主要有如下四个弱点。

1. 贪婪

贪婪就是贪得无厌，赢得小利后还要大利，翻一番后还要翻两番。一波行情完成后，特别是在行情的后期阶段拼命想赚取市场最后的一分钱，不能够把握交易节奏，往往得不偿失，交易利润最终被贪婪所吞没，当清醒过来的时候，已经丧失了再次交易的权利。

贪婪是所有投资者的弱点，总想赚得更多，最后却往往是竹篮打水一场空，而聪明的投资者往往能控制自己的欲望。如《股票作手回忆录》一书所说的："任何人都可以做一件对自己很有帮助的事情，就是放弃赚取第一个1/8点的变动和最后一个1/8点变动的机会，这是两个最贵的1/8点，整体而言，投机客为了赚取这两个1/8点所赔的钱足以盖一条横贯大陆的混凝土公路。"

2. 恐惧

恐惧是对风险的过度恐慌，特别是刚刚进入市场的普通投资者，往往会违反交易中"重势不重价"的原则，每次交易都要与现实生活中的价格尺度进行比较，一次甚至数次的亏损将其多年的积蓄损失掉，就会视股市如洪水，这种心态导致投资者悲观保守，错失良机。

3. 吝惜

吝惜是指吝惜资金，这种心态常常发生在散户短期被套，亏损额度逐渐放大时，最终的结果是，错失及时割肉止损的良机，以至于被深度套牢，丧失大部分资金。

4. 从众

只要有人群的地方，就会有争论，而在争论的群体中有三种人：先知先觉者、后知后觉者和不知不觉者。

当一部分人的观点得到市场的验证，赚到了钱，散户投资者就会长时间地关注并跟从，而这样又会影响更多的人。因此，随大流是一种普遍的投资现象，往往大部分散户投资者都看清方向的时候，也就是行情要发生突变的时候。见图3-7。

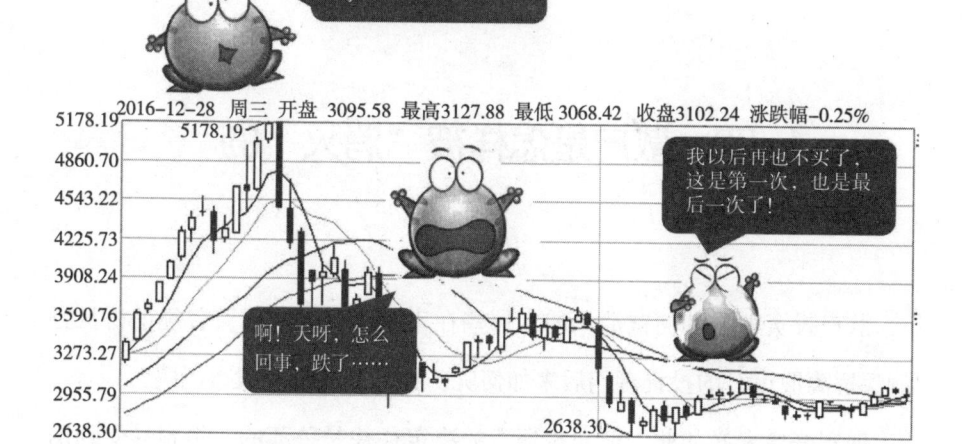

图3-7 客户投资体验图

一旦亏钱了,投资者的投资体验自然就不是很好;投资体验不好,投资者自然就持续离场。这就是散户投资者出现亏损就哭丧着脸,甚至发誓再也不炒股的原因所在。而且,散户容易把亏损的原因归到所谓的消息不准、庄家坐庄或者监管部门坐而不管等方面,反正"千怪万怪也怪不到自己头上"。如果散户投资者不了解自己的特点和弱点,再退一步想一想,如果连学费都不想交就想赚钱,道理也说不通啊。

其实,在比较成熟的资本市场,普通投资者基本不会自己投资炒股,什么原因呢?因为他们吃过亏呀!美国资本市场发展两百年了,华尔街就建在散户投资者的经验上。那么,美国股市的散户投资者是如何被"消灭"的?对我国的投资者有何借鉴意义呢?

四、散户是怎样被"消灭"的

散户投资者是如何被消灭的?那些在市场不好的时候,曾经信誓旦旦"剁手远离股市"的投资者们后来如何呢?他们真的远离股市了吗?

现实好像未必如此,散户投资者的决定往往是鲁莽的,很容易受到诱惑而改变,只要市场有所回暖,他们立刻又会跑步入场。

如果说牛市是散户投资者蜂拥而至的高光时刻,那么熊市就一定是"消灭"散户投资者的至暗时刻吗?

(一)熊市"消灭"了散户投资者吗

距离2015年的上证指数5178点和2016年年初的熔断有好几年了,熔断的股市行情,对所有投资者而言,都是从未经历过的,甚至是惊心动魄的。

在经历过这样的行情之后,很多投资者心有余悸,于是对资本市场敬而远之,总觉得里面陷阱无数,不知道什么时候又会掉下去,还是不关注为好。

从2016年的数据来看,散户投资者的比重从2015年年底的50.4%下降到47.7%,其主要原因有两点:一方面,经历过熔断行情,散户投资者损失惨重;另一方面,市场调整,风险偏好持续降低,散户投资者进入股市的意愿不强。

第三章　投资理财为什么要选择公募基金

再看看截至 2022 年一季度末的数据情况，在自由流通市值中，散户占比依然高达 37.5%，虽然散户占比略有降低，但其还是牢牢占据着 A 股流通市值第一大持有者的位置，所以，熊市并没有"消灭"散户，散户依旧还是最大的持有者。见图 3-8。

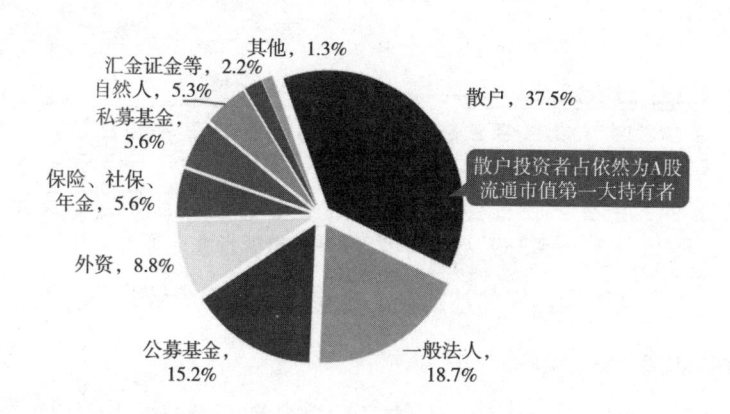

其他，1.3%
汇金证金等，2.2%
自然人，5.3%
私募基金，5.6%
保险、社保、年金，5.6%
外资，8.8%
公募基金，15.2%
一般法人，18.7%
散户，37.5%

散户投资者占依然为A股流通市值第一大持有者

截至时间：2022年3月31日　　数据来源：Wind。

图3-8　22Q1 A股投资者自由流通市值占比

那么，如果是牛市，散户的比重是不是就会增加了？其实不尽然，让我们来看看大洋彼岸的美国股市。

（二）美国股市翻了 200 倍，60% 的散户却被"消灭"

略知美国股票市场的人都知道，1940 年，美国的散户投资者持股比例曾高达 90%；到 1980 年这个数字还在 60% 左右，但到了今天，美股的散户却不到 30%。

60% 的美国散户是如何被"消灭"的呢？因为股市的波动吗？不是。以道琼斯指数为例，1940 年第一个交易日，该指数仅为 151.43 点，但截至 2022 年 6 月 30 日的道琼斯指数快涨到了 30775.43 点，这还是 2022 年美联储加息后从最高点 36952.65 点跌去 20% 之后的情况。道琼斯指数足

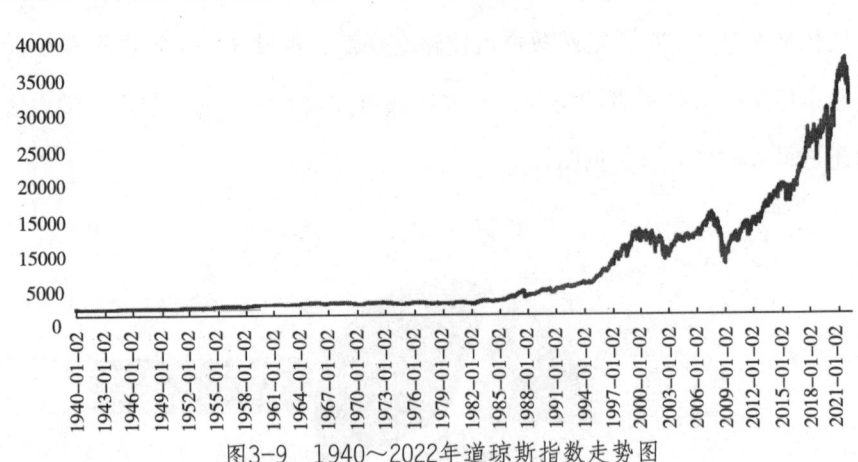

足翻了200倍，为何散户却被干掉了70%呢？见图3-9。

图3-9 1940~2022年道琼斯指数走势图

有人说是因为美国的注册制，也有人说是因为散户的弱点，导致散户投资者无法在这个市场生存。

正如我们前面分析的，其实是散户自身的投资弱点，比如过度自信、贪婪、恐惧等原因，导致其亏损，遗憾的是，散户从来都不愿正视自身的弱点，总是把亏损的原因推卸到外部的因素上面。

实践证明，普通投资者炒股越久，花费时间越多，交易越频繁，往往亏损越多。

美国股市就是一个鲜明的例子。随着时间推移，机构投资者开始变得越来越多，占据了市场的主流。与此同时，该国资本市场的治理水平不断提高，其每年退市的公司和上市公司的数量区别不大。

大家可以试想一下，如果一不小心买到退市的公司，那可不是亏损多少的问题了，而是投资几乎清零，相当于给投资者判了"极刑"，在一个这样奖惩分明的市场中，优秀的公司会胜出，而垃圾公司就会被扫地出门，自然普通投资者就不敢自己去投资了。

最近几年，A股市场退市公司的比率开始不断上升，以前的"不死鸟"成为历史，如果散户投资者还继续抱着"炒热点""听消息"的做法，就会受到了市场的惩罚。其实，曾有一些相对专业的私募机构等投资者也抱着这样的幻想，结果投资的公司被退市，投资几乎清零，这些现实的案例都是很好的投资者教育题材。

随着中国资本市场不断健全，退市公司必然不断增加，散户投资者自己投资炒股的风险是在不断增加的。

那么，作为散户投资者，又应该如何进行投资，赚钱的概率才更高呢？

五、如何挽救散户投资者

面对含泪离场的散户，金融机构能做什么呢？必须提高散户的投资体验！事实上，客户的投资体验决定着金融机构的成败。如果投资者的投资体验不好，一定会阻碍其进一步的投资。

那么，如何让客户有好的投资体验呢？

很多人肯定说：当然是让客户赚钱了！

问题来了，我们如何能够让对资本市场了解不多的投资者在股市赚到钱呢？

在回答这个问题之前，我们先来了解一下股市赚钱的逻辑。

（一）股市赚钱的逻辑：以时间换收益

同理，在资本市场上，要成为成功的投资者，需要具备忍耐和等待的特质。

股市赚钱的逻辑是什么？无数实践证明，尤其是在中国资本市场，忍耐和等待尤为重要。见图3-10。

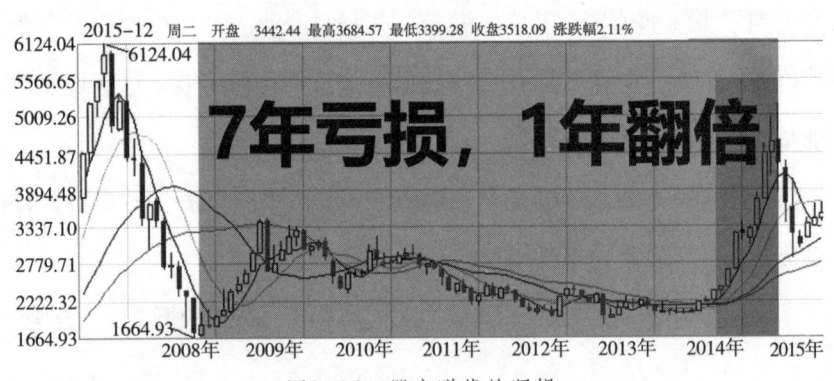

```
2015-12 周二 开盘 3442.44 最高3684.57 最低3399.28 收盘3518.09 涨跌幅2.11%
```

7年亏损，1年翻倍

图3-10 股市赚钱的逻辑

股市赚钱的逻辑和其他行业是不一样的，与大家熟悉的互联网行业赚钱规律有点类似，都是可能要经过较长时间的亏损和等待，等待牛市，再把以前所有的亏损翻倍赚回来。

如果投资者是在牛市中途甚至是顶部，比如2015年的上证指数5000点或者2007年的上证指数6000点介入资本市场的，那就需要更长时间的等待！

投资股票其实和一句话很像：今天很残酷，明天会更残酷，后天就很美好，但是，很多人都倒在明天晚上。

如果换成投资，那这句话可以改为：今年很残酷，明年会更残酷，后年牛市就来了，但是，很多人都倒在牛市前。

说到底，股市赚钱的逻辑很简单——以时间换收益。

（二）"沙县小吃"和投资炒股的故事

我经常在培训的时候给客户举了"沙县小吃"的例子：

比如你投资10万元，开了一家"沙县小吃"的店，今年生意不错，赚了1万元，今年的投资回报率为10%，而明年你也只能赚1万元左右，什么原因呢？因为你的店面就那么大，客满了就只能坐那么多的客人，所以，你去年赚1万元，明年大概也就是赚1万元，后年也大概持平……这样过了 5～6 年，你大概赚 6 万元，年平均投资回报率 10%。见图 3-11。

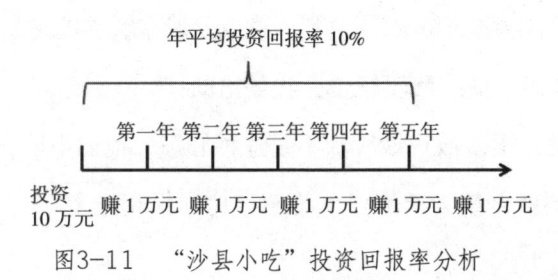

```
         年平均投资回报率 10%
    ┌─────────────────────────┐
    第一年 第二年 第三年 第四年 第五年
────┼─────┼─────┼─────┼─────┼─────→
投资   赚1万元 赚1万元 赚1万元 赚1万元 赚1万元
10万元
```

图3-11　"沙县小吃"投资回报率分析

这是传统行业典型的盈利模式，每年都有回报，但很难有爆发式的增长。投资股市则完全不一样。比如，你在 2009 年年底市场高点的时候进去，投资 10 万元买股票，第二年就亏损了 20%，第三年再亏损 10%，两年下来，亏损了 3 万多元。这个时候怎么办？对传统行业而言，就应该关门了，你如果直接退出，就是亏损了 3 万元，可是再熬几年，到 2015 年，你就把钱全部赚回来了，甚至可能翻倍到 20 万元，赚了 10 万元，算一下年化收益率，大概在 15%，和传统行业相比区别不大，但是等待的时间不一样，所历经的心理和情绪波动更是不一样了。见图 3-12。

揭示了普通投资者在交易中的心理变化过程，仔细研究哦，对我们克服"心魔"有很大帮助！

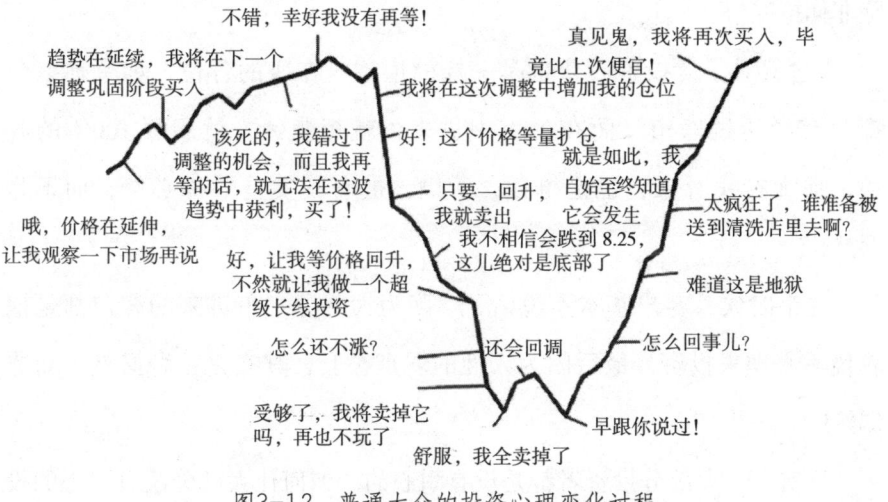

图3-12　普通大众的投资心理变化过程

传统行业是每年都有会盈利，而股市，则需要忍耐和等待。忍耐熊市中的亏损，才能收获牛市中的盈利，这就是股市赚钱的逻辑！

（三）"严肃一些，我不投资，我要抢劫！"

遗憾的是，很多散户炒股却不是这种心态，他们不明白股市赚钱的逻辑，一买股票就希望天天涨停，希望年化回报超过100%，期望越高，自然失望也就越大。

在培训的时候，曾经有一个新客户老抱怨—买基金就亏损，我就反问客户一个问题：

"你从事什么行业？"

客户回答道："建筑装修。"

"你在这个行业做了几年了？"

"十几年了。"

"如果我一点行业经验都没有，现在就进入建筑装修行业，今年我就希望在这个行业赚很多钱，你觉得合理吗？"

"不可能，你对这个行业不了解，怎么赚钱！里面很多坑等着你跳呢！除非你抢钱！"

"这就对了，投资股票也是一样的道理，在座的各位，如果你以前都没有经历过熊市，而在牛市中进来，就想赚钱，就想要100%的收益，那么在我看来，也是抢钱，所以，被套其实是一种必然，而不是偶然！"

这个时候，客户基本不说话了，因为大部分牛市进来的客户都是抱着侥幸心理来投资，最后因为人性的弱点被套，其实是一种必然，而非偶然！

事实上，大部分投资者都是没有耐心的。如何让大部分没有耐心的投资者赚到钱？如何让大部分没有耐心的投资者有好的投资体验呢？这确实是一个巨大的挑战。

六、为什么投资理财要选择公募基金

前文已经分析过，如果投资者自己投资买入股票，赚钱的概率是很低的。如果投资者没有耐心，一买入股票就想赚钱，抱着赚"快钱"的想法，最后往往是以"割肉"离场。那么，普通投资者又该如何投资理财呢？

随着经济和社会的发展，未来银行理财产品的收益率没有最低，只有更低，普通老百姓如果想要进行投资理财，那么，除公募基金以外，其他更好的选择似乎不多。之所以认为公募基金是普通老百姓投资理财的首选，主要有如下几个原因：

（一）公募基金是透明、规范、风控最严的资管机构

首先，从公募基金公司的股权结构看，虽然开始有个人股东出现，但大部分基金公司的股东都是正规的金融机构、央企以及地方颇具实力的国企。按照大股东的不同，公募基金可以分为银行系、券商系、保险系、外资系等，其实怎么分类不重要，最重要的是这些股东每一个都背景雄厚，实力很强。

其次，公募基金的门槛极高，是需要持有牌照才能经营的。这个牌照，是必须经过中国证券监督管理委员会严格审核才能发放的，等于监管部门已经帮你严格筛选了一遍基金公司的情况，包括股东以及公司运营的合法性、合规性等。截至2022年5月，公募基金经过了25年的发展，也只有150家左右，而私募机构有多少家呢？截至2022年5月底，在中国基金业协会登记注册通过的私募机构有25000家左右，这还不包括没有在中国基金业协会注册登记的私募机构，如果全部算进去，数量更多。公募机构才150家，从数量就能看出，公募基金的门槛有多高。

最后，从公募基金投资的底层资产来看，都是公开、透明、流通性很好的有价证券（股票、债券以及其他衍生品等），并且这些有价证券都在由国家公信力提供背书的正规交易所交易。而其他的资管产品，比如信托、P2P乃至私募基金的底层资产无法穿透，就是你并不知道这些产品最后投向了哪里，可能经过多层嵌套后，连基金经理都不知道钱流向哪个领域了。其实，这也是最近几年不少信托、P2P和私募基金频频"暴雷"的原因，而公募基金的投资标的相对公开透明。

基于此，这也是《关于规范金融机构资产管理业务的指导意见》（以下简称《资管新规》）实施之后，为什么其他资管机构都要参考公募基金的管理模型进行管理的关键所在。公募机构是所有资管机构中管理最严格，信息披露最充分，风险控制最严格的。

（二）公募基金门槛最低，更适合普通老百姓投资理财

那么，私募基金、信托产品的投资门槛基本100万元起，这样的投资理财方式根本不适合老百姓。

可能很多普通老百姓没有投资过，自然无法想象现在公募基金的起投门槛是多少，1000元？100元？还是更低？实际上，如今公募基金的起投门槛是1元！是不是完全没想到？

很多公募首发基金1元即可起购，而基金定投的门槛也降低到了10元。

大家想想看，现在还有什么是1元钱能买到的东西？通常来说，一张彩票的价格都要2元起，很多公交车的票价也都要2元起……

大家只需要花1元，就可以投资公募基金，聘请一位学霸级别的基金经理帮你进行投资理财，这是一件多么划算的事情！所以，公募基金才是普通老百姓最佳的投资理财选择！

（三）专业的事情交给专业的人做

相信大家都听说过一句话：专业的事情交给专业的人做。

记得北京大学的周其仁老师在关于金融投资方面有一个非常精彩的观点，我受益颇多。周老师认为：金融投资看似参与门槛不高，但其实是非常复杂的。很多普通投资者没有认识到这点，觉得自己投资能很容易跑赢市场或者基金经理，其实这是过度自信。

大部分散户投资者其实没有自己的分析方法，更谈不上什么投资框架体系了。就算赚钱了，他们也不知道为什么赚钱，同样，亏钱的时候，他们也不知道是什么原因导致了亏损。但散户总觉得自己既能择时又能择股，而这在实际投资操作中，是很难实现的。

有意思的是，很多散户投资者希望抓住每一个风口。比如，2021年的新能源，2022年的大宗商品，可是在实际投资中，这种情况很难实现。因为学习经历、社会阅历、研究方法等不同，每个人都有自己的认知边界。正如中金公司首席策略师王汉峰博士提到的，我们很难赚到认知以外的钱。

每个人都有自己的认知边界，你只能赚到你认知范围内的钱，你能做的就是知道自己的认知边界，同时不断学习，去拓宽你的认知边界。

而且，中国的经济发展太快，过去每隔10年就会有大的产业升级，如果你无法与时俱进，会很容易被市场淘汰。比如，20世纪90年代消费和家电行业的崛起，从2000年开始是城镇化、房地产，2008年后，是科技行业的兴起。作为散户投资者，要花大量的时间去学习和抓住这些风口的概率几乎为零。所以，专业的事情要交给专业的人去做。

公募基金的基金经理都是"学霸"级别的人物，而且每天都花大量的时间在做专业的研究和分析，截至2020年，根据Wind粗略统计，公募基金经理中有236位博士、1881位硕士、96位学士，其中来自北京大学的有101位，清华大学的有85位，复旦大学的有98位，上海财经大学有91位，上海交通大学有48位，中国人民大学有36位，中央财经大学有25位。

大家试想一下，当年那位成绩最好的同学，高考考上了名校，而后到公募机构担任基金经理，今天，你只要买他管理的基金，就可以请到当年你们班乃至你们全市的"学霸"来帮你进行投资理财，这是一件多么划算的事情。

有句话说得好：千万不要用你的业余爱好去挑战别人吃饭的本领。

比如，我们都有一些运动的爱好，乒乓球、羽毛球、跑步、游泳等，虽然是爱好，其中有些人可能玩得还不错，但是，如果真和专业选手进行PK，你一定会被打得满地找牙。比如，乒乓球和羽毛球业余高手，真要和专业选手对阵，基本上你一个球都赢不了！

其实，投资亦是如此。拉长时间周期来看，散户投资者要跑赢专业选手其实是很难的。

如果基金经理真的跑不赢散户，那么公募基金早该关门大吉了，恰恰相反，从2015年到2021年年底，虽然指数是跌的，但是公募基金的规模逆势大涨了6倍。这也从另外一个角度证明，公募基金得到越来越多投资者的认可。

综上所述，在投资理财方面，公募基金才是普通老百姓最好的选择。

第四章
如何投资基金更赚钱

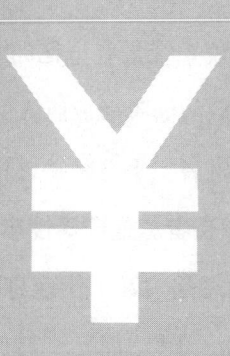

一、寒冬终将过去，行情年年重复

每个人都会生病，如冬季多发的病毒性流感，虽不是大病，但也会对人们日常生活产生负面影响。那么，我们能从这些经历中学到什么呢？

（一）寒冬总会过去，人类对病毒也将产生更强的抵抗力

新型的流感病毒开始传播时，如果人们都不知道这是什么病毒以及如何防治，就会产生恐惧，对未知风险事件的恐惧是人类的本能。后来，随着时间推移，人们对病毒的了解越来越多，加之研发出了疫苗，害怕的心理自然就会减弱。

寒冬总会过去，我们的免疫系统是有记忆的，在痊愈后会产生更强的抵抗力，防止类似病毒再对我们的健康形成巨大的破坏力。

可是，对于资本市场，投资者似乎总是缺乏记忆。

（二）行情年年重复，而投资者总是选择性忘却

为什么人们在资本市场中总是"好了伤疤忘了疼"？事实上，资本市场的行情是不断重复的，而且"牛""熊"交替大抵类似。在熊市最艰难的时候，我们始终坚信牛市会到来；在牛市中，也不要得意忘形，行情总有反复，熊市随时会来……

然而，因为存在各种利益和人性驱动，很少有人从历史经验中总结资本市场的规律，"历史不断地重复"，这句话在资本市场中在相当大程度上

是适用的。

受资本市场的行情影响，人性的缺点暴露无遗：牛市中，投资者蜂拥而入，花费大量资金买入基金，却往往形成亏损；而在熊市中，各基金却鲜有人问津，往往在这个时候买入基金，大概率是赚钱的。

这就是资本市场的规律。无论在牛市还是在熊市，投资者的行为偏差以及人性的弱点，其实也可以看作是一种"病毒"，总会反复带来影响，结果是投资者损失财富，却很少有投资者能够吸取教训。

对于大多数投资者来说，致命的"病毒"是：在市场高位用大量资金买入基金，而市场低迷时不敢下手。这个规律也是资本市场的宿命，人们可以总结这个规律，但不要去重复这个错误。

坎坷总会过去，阳光灿烂的日子总会到来。

二、投资什么基金才能战胜通货膨胀

如果要问为什么要投资理财，肯定有人说，当然是为了赚钱！

那么，我们究竟赚多少钱才能满意，有没有一个尺度呢？或者说按照最低的标准，赚多少钱才能让大部分的投资者都满意呢？

很多投资者可能从来没有思考过这个问题，总是想着赚钱越多越好，其实，如果你奔着这个"越多越好"的目标去，最后基本是亏钱的。

我们不妨放慢脚步认真思考，想一想投资理财的最低目标是什么，通过这种思考，可以让我们更加理性地面对投资理财的风险和收益。

（一）投资理财的最低目标就是战胜通货膨胀

什么是通货膨胀？为什么普通老百姓投资理财的最低目标就是战胜通货膨胀呢？

所谓通货膨胀，简单理解就是货币贬值引起物价上涨。

具体来看，通货膨胀是国家的货币发行量超过流通中所需要的数量，从而引起货币贬值、物价上涨的经济现象。各国央行都不会公布通货膨胀率的真实数据，只能通过居民消费价格指数（CPI）、国内生产总值（GDP）、广义货币供应量（M2）等指标来推算。目前，衡量通货膨胀率最普遍、最接近也与普通人最相关的指标之一为CPI，该指标反映了居民家庭一般所购买的消费品和服务项目价格水平变动情况的宏观经济指标。CPI不断上涨代表了货币购买力不断下降。比如，2022年9月，土耳其的CPI超过80%，一瓶饮用水月初价格为2元，到月底价格就涨到3.6元。

事实上，全球绝大多数国家一直都存在通货膨胀现象，只不过是程度不同而已。尤其是2022年，很多国家的通货膨胀程度让人咋舌。比如，美国6月份的通货膨胀率超过了9%，创下近40年来的新高，土耳其的通货膨胀率更是高达70%，可以简单理解为，土耳其的所有的物价全部翻倍，货币直接贬值50%。见图4-1。

在我国，一般也以CPI为重要指标来衡量通货膨胀的程度。据统计，近年来，我国通货膨胀率维持在2%左右，即使2022年全球油价大涨，通货膨胀率飙升的大背景下，我国仍然保持了较低的通货膨胀水平，预计我国全年CPI维持在2%～3%。2001～2020年，我国CPI大多年份处在1%～3%，只有2002年与2009年的CPI为负，2008年与2011年超过5%。

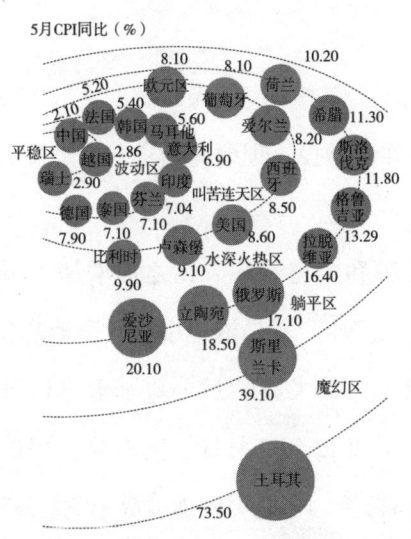

图4-1 2022年5月全球通货膨胀行星图

根据通货膨胀率高低，一般可将通货膨胀分为爬行的通货膨胀、加速的通货膨胀和超速的通货膨胀。其区分标准如下：爬行的通货膨胀，又称温和的通货膨胀，其特点是通货膨胀率低而且比较稳定；加速的通货膨胀，又称严重的通货膨胀，其特点是通货膨胀率较高（一般在两位数以上），而且在加剧；超速通货膨胀，又称恶性通货膨胀，其特点是通货膨胀率非常高（标准是每月通货膨胀率在50%以上）而且完全失去了控制。

由此可见，我国目前的通货膨胀处于比较温和的状态。

从经济学的角度而言，适当的通货膨胀对经济发展是有一定积极作用的。国家为了刺激经济的增长，会让通货膨胀维持在一个适宜的范围内。

但是对于普通人来说，即使是2%~3%的通货膨胀率，对资产的影响也是非常大的。举个例子，假设你现在手里有100万元的资金，假定在4%的通货膨胀率下，伴随时间的流逝，资产会发生怎样的变化呢？

当CPI保持在4%的时候，15年后的100万元，其购买力只剩下如今的一半，大概就相当于现在的50万元；如果CPI更高，就会导致资产大幅缩水。

因此，作为一个对自己将来负责的人，我们不应该忽略通货膨胀的影响，要提早预见风险，并通过投资理财重新进行资产配置，以抵抗通货膨胀对资产的影响。

目前，可投资的品种和渠道看起来比之前增加了不少，但真正适合人们投资的并不多，除了房地产就是资本市场。房地产投资我们前面分析过，门槛太高，投资资本市场尤其通过公募基金进行投资，是普通人比较好的选择。可是，截至2022年7月底，有基金代码的公募基金就有近17000只，我们应该如何选择，才能更好地战胜通货膨胀呢？

（二）选择什么基金投资才能更好地战胜通货膨胀

公募基金可分为很多种类，不同类型的公募基金有不同的投资标，其风险和收益率并不相同。接下来，我们来了解一下公募基金的分类。

根据银河证券基金研究中心的分类，人们可以投资参与的公募基金主要分为如下几个类型：

（1）股票型基金：80%以上的基金资产投资于股票的，为股票基金。

（2）混合型基金：投资于股票、债券和货币市场工具或其他基金份额，并且股票投资、债券投资、基金投资的比例不符合《公开募集证券投资基金运作管理办法》第三十条第（一）项、第（二）项、第（四）项规定的基金。

（3）债券型基金：80%以上的基金资产投资于债券的，为债券基金。

（4）商品基金：商品基金作为一级分类，划分为黄金基金、商品期货基金两个二级分类。

（5）货币市场基金：指仅投资于货币市场工具，每个交易日可办理基金份额申购、赎回的基金。在基金名称中使用"货币""现金""流动"等类似字样的基金，均可视为货币市场基金。

（6）合格境内机构投资者基金（QDII 基金）：指根据《合格境内机构投资者境外证券投资管理试行办法》募集设立的基金。

（7）基础设施基金（REITs）：根据所投资标的的性质，基础设施基金设两个二级分类，分别是产权类基础设施基金和特许经营权类基础设施基金。

（8）管理人中管理人基金（MOM）：是指管理人按照要求委托两个或者两个以上符合条件的第三方资产管理机构就资产管理产品的部分或者全部资产提供投资建议，并根据资产配置需要将资产管理产品的资产划分成两个或者两个以上资产单元，每一个资产单元按规定单独开立证券期货账户的基金产品。

（9）基金中基金（FOF）：FOF 基金在适用法律规则上分为（常规）FOF 基金与养老目标 FOF 基金，前者适用《公开募集证券投资基金运作指引第 2 号——基金中基金指引》，后者适用《养老目标证券投资基金指引（试行）》。

（10）互认基金：是指依照中国香港地区法律在香港地区设立、运作和公开销售，并经中国证券监督管理委员会批准在内地公开销售的单位信托、互惠基金或者其他形式的集体投资计划。

根据如上不同公募基金种类的定义，可能很多投资者对部分基金品种了解并不多，比如 MOM 或 REITs 基金等。其实，普通投资者并不用深入了解基金的分类，只需要会看投资范围即可，无非就是股票和债券。如果这些基金主要投资债券，风险和收益率就比较低，因此，投资债券或货币基金，要战胜通货膨胀相对还是比较难的。比如，2022 年以来，很多货币基金的 7 日年化收益率都已经跌破 2% 了，肯定是无法战胜通货膨胀的。

(三)通货膨胀的本质是社会财富转移

通货膨胀大多是货币超发的结果。在货币超发的过程中,并不是所有人同比例得到超发货币的,能够最先拿到超发货币的人有机会实现更多收益,所以通货膨胀表面是货币问题,本质是社会的财富转移。从货币超发的角度理解,通货膨胀率基本等于货币供应 M2 增速减去 GDP 增速。2001~2020 年,我国的总通货膨胀率为 207.87%,复合年化通货膨胀率为 5.78%[1]。这个数据明显偏高,是因为没有考虑 GDP 增长本身需要增发货币的因素,但表明了房产等核心资产的增速。从社会发展和社会财富积累的角度,比其他人财富增长得慢,可以理解为就是贬值,这样更直接地说清了通货膨胀的本质是财富转移。

从货币超发角度计算的 5.78% 贴合我们日常消费的感受。如果基金的长期年化收益率超过 6%,则可以使家庭资产跑赢通货膨胀,实现财富保值增值的目的。比如,2010~2020 年,万得偏股混合型基金指数的总收益率为 185.5%,复合年化收益率为 10.3%[2],与 M2 的增速较为接近,说明偏股型基金在上述区间内在一定程度上可以保障资产不被转移;同期,万得混合债券型二级基金指数的总收益率为 87.6%,复合年化收益率为 6.06%,债券型基金在上述区间内能够担负起抵御通货膨胀的重任。

综合来说,普通投资者选择股票型基金或混合型基金,或许是个比较好的选择,当然,收益和风险成正比,这类基金的收益率相对高,但是波动也是比较大的。不过,要战胜通货膨胀,实现资产的保值和增值,自然要承担一定的风险波动了。

---

[1] 引用自华泰柏瑞基金的研究分析。

[2] 数据来源:Wind 收益率区间 2010~2020 年。

三、诚恳的忠告：有钱也不要提前还贷

经常有客户向理财经理咨询投资理财业务，尤其最近几年，很多人有了一些积蓄后，想提早把房贷还完，要不老觉得欠银行钱很不舒服，还不如提早把钱还了，"无债一身轻"。

碰到这种情况要牢记：千万不要提早还房贷！很多有投资意识的人也是如此，有房贷，但是不会提早还。这是什么原因呢？

（一）穷人都在存钱，而富人都在借钱

银行是做什么事情的呢？简单一点说，银行一方面吸收公众存款支付利息，另一方面把吸收的公众存款放贷给需要钱的客户，收取利息，然后赚中间的差价（即息贷差）。这就是银行的存贷款业务。

虽然银行的业务不断发展，除了传统的存贷款业务还有很多业务，比如外汇、贵金属、基金保险等。但是，银行的主要收入还是来自息贷差。

在银行的存贷款业务中，"穷人一直在存钱，而富人都在借钱"的现象尤为突出，尤其很多的私人银行客户等，每天都在想着如何能借到更低利息的贷款。

为什么出现这种现象？这是因为穷人投资渠道少，愿意承担的风险又小，所以总想把钱存在银行。可是，现在银行存款的利息越来越低了，比如有的理财产品的收益率已经跌破2%，这样的利息收益连通货膨胀都跑

不赢，可以说，你的钱存得越久亏得越多。

而富人的投资渠道多，也愿意承担更多的风险，如果有更好的投资机会，富人们就愿意去试一下。可以说，银行的贷款利息几乎是所有筹融资渠道中性价比最高的，很多企业家都知道，如果从社会上去借款的利息会有多高，其实个人是如此，向身边的朋友借钱，即使是人情利息，月利息也要1～2分钱，年化利率是12%～24%。而如果在某些金融平台上借钱，这些平台的利息看起来好像很低，比如借100元，每天利息低至1角，看起来很便宜，但利率并没有想象的那么低。如果你借100元，利息每天1角钱的年化利率是多少？

不妨算一下：

总利息：0.1元 × 365天 = 36.5元

借款：100元

年化利率：36.5/100 × 100% = 36.5%

上面只是一道简单的小学算术题。通常情况下，银行的贷款利息在5%左右，两相对比你就会发现，银行的贷款利息其实是很便宜的。

（二）不要提早还房贷，把钱拿来投资跑赢房贷利息

因此，每当我看到有人将长期住房按揭贷款或分期借款等长期低息贷款提前还清，就不禁感慨："真是太亏了！"

在现代的金融社会，想完全通过自己的努力而不依赖银行的贷款实现家庭一系列财务目标基本上不可能的。其实，在自己能够承受的范围之内，合理长期的负债是家庭财富稳健增长的一条康庄大道。

为什么不要提前还房贷，以下三个理由供大家参考：

1. 低息的房贷是很好的融资手段

其实，低息的贷款越多越好（前提是有能力还款）。举个例子：如

果你有 100 万元，打算买一套 100 万元的房子，首付 30 万元之后，还有 70 万元可用于投资理财，而房贷的利息在 5% 左右，你把 70 万元用来投资理财，比如买基金，如果能坚持下来，根据中国基金业协会统计，2001～2021 年年底，偏股和混合基金的年化收益率高达 16%，远高于房贷利率。

2. 适度的通货膨胀是合理的现象

大家只要参考一个指标，就是 M2❶。过去几十年的时间，我国 M2 增速基本在 10% 左右，这样一个指标就说明，国内流通的货币基本每年都以 10% 的增速在增加，如此一来，大家就知道过去货币的贬值速度有多快了。所以，在未来通货膨胀的预期下，贷款期限越长越好，同样币值人民币的购买力随着时间推移必然下降，30 年后的 100 万元，可能只相当于现在的 10 万～40 万元，而现在看似很高的月供贷款，30 年后可能只够买几斤猪肉和排骨。更不要说你的收入还会增长。如果你等额本金还款期已过 1/3，越到后期，这种方式所剩的本金越少，所产生的利息也越少，就像在 30 年前，很多人觉得负债 10 万元几乎是个天文数字，今天，10 万元对很多人说并不是太大的债务负担。

3. 提前还贷，可能会被银行收取补偿金

2022 年 8 月 1 日，某国有大型银行发布公告称，将于 11 月 1 日起，对个人按揭类贷款、个人线上抵押贷（消费）提前还款补偿金收费标准进行调整。调整后，提前还款补偿金收取具体以贷款合同中约定为准，补偿金比例为提前还款本金金额的 1%。

---

❶ M2 指流通于银行体系之外的现金加上企业存款、居民储蓄存款以及其他存款，它包括了一切可能成为现实购买力的货币形式，通常反映的是社会总需求变化和未来通货膨胀的压力状态。

通过以上分析,大家应该知道了,其实提前还贷并不是一个好主意,建议大家用准备提前还贷的这些钱投资理财。比如买入公募基金,如果你也愿意持有像房贷那么长的时间,10年、20年甚至30年,轻松跑赢房贷利息是一个大概率的事情。见表4-1。

表4-1　2012年买入偏股型基金收益表

序号	基金代码	基金简称	单位净值（元）	累计净值（元）	每日波动	成立日期	运行时间（天）	年化收益率（%）	复利计算年化收益率（%）	融资利率（按年5.94%计算）	扣除融资后收益率（%）
1	377150	上投品质	3.8383	3.8383	0.97	2012年1月20日	3833	27.03	14	0.6238	221.45
2	360016	光大轮动	1.7000	4.0516	-0.12	2012年2月10日	3813	29.21	14	0.6205	243.11
3	240020	华宝医药	2.9850	3.8933	-1.16	2012年2月24日	3799	27.80	14	0.6182	227.51
4	233011	大摩主题	2.5160	4.2835	-0.36	2012年3月9日	3784	31.67	15	0.6158	266.77
5	206012	鹏华价值	3.3570	3.3570	0.09	2012年4月11日	3752	22.93	13	0.6106	174.64
6	200015	长城优化	5.4139	6.0453	0.06	2012年4月18日	3745	49.17	19	0.6095	443.58
7	229002	泰达逆向	2.3300	3.4797	-0.09	2012年5月9日	3724	24.30	13	0.6060	187.36
8	630011	华商主题	2.9240	4.4258	-0.88	2012年5月29日	3704	33.76	16	0.6028	282.30
9	750001	安信灵活	2.5290	4.0724	-0.24	2012年6月15日	3688	30.41	15	0.6002	247.22
10	180031	银华中小盘	3.7260	7.9311	0.38	2012年6月20日	3683	68.69	23	0.5994	633.18
11	519712	交银精选	3.8677	5.8813	-0.38	2012年7月27日	3646	48.87	19	0.5933	428.80
12	690009	民生红利	3.0770	3.8300	-0.03	2012年8月7日	3636	28.41	14	0.5917	223.83
13	530019	建信责任	2.8720	2.8720	0.14	2012年8月10日	3633	18.81	11	0.5912	128.08
14	610007	信达澳银消费	1.7010	2.2711	1.13	2012年8月31日	3613	12.84	9	0.5880	68.31
15	370024	上投优选	4.8441	5.4092	0.51	2012年11月23日	3530	45.59	19	0.5745	383.47
		主动型平均	3.1787	4.3761	0.00		3706	33.30	15.19	60.30	277.31

截至日期：2022年9月13日

从表4-1可以看出,如果你10年前借了房贷,有钱时不提前还贷款,而是选择买入偏股基金,截至2022年9月13日,扣除10年贷款利息后,还获取了277.31%投资收益。

四、购买债券基金和"固收+"产品可以致富吗

被投资者认为是保本保息的银行理财产品也出现了亏损,而且亏损的比率还不小。据 Wind 数据统计,截至 2022 年 5 月 18 日,剔除近 6 个月无净值的产品,市面上共计有 28822 只银行理财产品,其中有 2003 只产品单位净值在 1 元以下,破净股占比约 6.9%,亏损幅度超 10% 的有 20 只产品。这组数据可能会颠覆很多理财客户的认知。

既然连银行的理财产品都会出现亏损,那么投资者应该如何理财呢?此时,一些中低风险的公募基金就进入投资者的视线了。比如,债券基金或者"固收+"类的产品。此前,部分老百姓可能接触过此类产品,但关注的投资者不多,如今理财产品已经打破"刚性兑付",想了解此类产品的投资者变多了。那么,大家应该如何投资债券基金和"固收+"产品呢?

(一)"固收+"产品和债券基金有什么区别

所谓"固收+"产品,其实没有一个统一的定义和标准,通过参考不同基金公司对"固收+"产品的定义范围,可以发现此类产品主要具有如下特点:"固收+"是一种资产配置方法,其本质是将债券、股票、可转债、股指期货等不同类型的资产放到一个产品中,在控制风险的前提下,通过积极主动的资产配置,较好地平衡安全性和收益性。而债券基金则主要是以投资债券为主的基金产品。

一般来说,"固收+"产品和债券基金是有交集的,大部分"固收+"产品属于债券基金的类型,当然,也有一些"固收+"产品由于其投资权益部分的比率比较高,就会被划归到混合基金的分类中。

(二)"固收+"产品和债券基金会不会亏损

很多投资者在投资这类产品之前问的第一个问题就是:会不会出现亏损?

答案是:会!

既然连银行的理财产品都会出现亏损,那么"固收+"产品和债券基金出现亏损更是理所当然的事情了。更何况,在打破"刚性兑付"之后,市场上就不再有保本保息的理财产品。比如,以前基金公司还发行过保本基金,后来保本基金全部转型了,保本基金这类产品已成为历史了!

如今,除了银行存款,没有什么理财产品是可以保本保息的,甚至银行存款也只有50万元额度的存款保险。所以,"固收+"产品和债券基金一定也会出现波动,并不是保本保息的。

但是,投资者如果了解这类产品的风险和收益特征,依然可以作为银行理财产品的替代选择进行配置。毕竟,这类产品的风险和波动并没有股票基金那么大,在风险和收益匹配的情况下,拉长时间和周期,有可能为投资者带来比银行理财产品更高的收益。尤其是在理财产品打破刚兑之后,投资这类产品其实是进行理财时一个不错的选择。

(三)投资者应该如何选择"固收+"产品和债券基金

那么,作为普通投资者,如何选择这类产品呢?如下三条建议供大家参考。

第一,要了解不同基金的"固收+"产品策略

一般来说,"固收+"产品权益仓位越高,带来的风险收益水平也越大。所以购买之前,投资者要了解产品招募说明书,上面会有资产比例的说明。其中,"+"的策略多种多样。见表4-2。

表4-2 常见"固收+"产品策略表

类型	"固收+"策略	权益仓位范围
纯债基金	固收+可转债	0
一级债基	固收+可转债	0
二级债基	固收+可转债+股票	0~20%
偏债混合基金	固收+可转债+股票+打新+衍生品	0~30%或40%
灵活配置混合	固收+可转债+股票+打新+衍生品	0~10%至40%（非合同约定）
偏债普通FOF	固收+（基金和债券）+股票（基金和债券）+可转债+打新	0~20%或30%
偏债目标风险FOF	固收+（基金和债券）+股票（基金和债券）+可转债+打新	0~20%或31%
偏债基金投顾组合	固收基金+股票基金	0~10%或30%

资料来源：南方基金整理。

第二，关注基金经理能力圈及基金公司综合实力

由于"固收+"基金横跨股票和债券两大类资产，日常投资管理又是通过可转债、定增、打新、大宗交易、股指期货对冲等业务来拓展产品收益空间，同时严控回撤，这一目标究竟完成得如何，很大程度有赖于基金经理的资产配置能力，以及基金公司内部团队的投研资源支持。

因此，基金经理的经验是否老道以及基金公司积累是否深厚特别重要。

第三，既要看收益也要看波动

相比与高波动的权益基金，"固收+"产品的意义在于让持有人"拿得住、拿得稳、赚到钱"。所以，在看"固收+"产品历史业绩时，除了关注收益，一定要看波动情况。

推荐一个简单的指标供大家参考：卡玛比率 = 区间年化收益率 / 区间最大回撤。这个指标越高，基金每承担一单位回撤时获得的收益水平也就越高，该"固收+"产品的历史业绩优势也更加明显。

对于较为稳健的"固收+"产品，还是那句话，建议投资者长期持有。

总而言之,"固收+"类产品不一定能让你一夜暴富,但是,随着银行理财产品打破"刚性兑付",在风险和收益匹配的前提下,"固收+"产品不失为理财产品的一个次优选择。

五、基金被套了,如何治好精神内耗

2021 年以来,市场出现了大幅波动,很多在 2021 年年初买入明星基金经理管理的产品也深套其中,尤其是投资白酒和 TMT 行业的基金,最高回撤高达 20%～30%。很多投资者想咨询:"我的基金当下应该怎么办?还有机会解套吗?我是不是应该赎回止损了呢?"

面对这个现象,我们该怎么办呢?面对亏损,投资者应该如何治好精神内耗?

我们需要了解一下公募基金是如何帮助客户赚钱的。对很多新的投资者而言,他们一般是听到其他人买基金赚钱后,才开始投资买基金,可是这个时候,往往是市场点位比较高的时候,尤其在 2015 年和 2021 年年初,当投资者蜂拥而入时,大多是行情的高点,而这个时候能赚钱的概率是比较低的,更为重要的是,如前文分析,很多投资者都想赚"快钱",这个时候往往更容易亏钱。

很多投资者说:"我一买入基金就亏钱,而一卖出,市场就开始涨,感觉整个市场都在和我作对呀!"

这是什么原因呢?其实,背后的逻辑是非常简单的,很多投资者关注到资本市场,一般都是市场大涨,各种媒体铺天盖地进行宣传的时候,这个时候,很多新的投资者被吸引过来,尤其是很多小白投资者,当媒体开始铺天盖地宣传股市的时候,往往是个反向指标,此时基本是市场高点的位置,投资者买入很容易被套。

在华尔街有一条很有名的定律叫作"保姆交易法则",就是当你家的保姆开始向你推荐股票和基金的时候,这个时候你就应该卖出,因为一般保姆这个群体对投资的关注是比较少的,如果连保姆都开始关注资本市场,那基本就是在牛市顶点的位置,所以,你应该坚决卖出。

接下来我们讲一下,如果基金被套了应该如何操作。通常有如下两个操作办法。

(一)持有更长的时间

正如前文分析,基金投资赚钱的规律是:股市今年很残酷,明年会更残酷,后年牛市就来了。所以,要坚持到后年。当然,这句话是戏谑,并不是说从现在算起,后年一定就是牛市了。

根据相关统计,如果持有时间在 3 年以上,公募基金盈利的概率超过 90%,而如果持有时间小于 6 个月,那么盈利的概率低于 50%。很多投资者之所以亏钱,就是因为持有时间太短了,没有耐心,如果投资者愿意持有更长的时间,赚钱的概率还是比较高的。

所以,建议投资者不要买开放式基金,因为随时开放申购赎回的情况下,很多投资者会在中途波动的时候赎回基金。如果不急用钱,建议投资者买有封闭期的基金,比如 3 年封闭期的基金,这样一来,你就无须过度关注市场波动,安心持有,持有时间越久,赚钱的概率越高。

(二)用定投的方式补仓

最好的解套方法就是继续加仓,在补仓前,我们先来算一道小学二年级的算术题"小明买红苹果":红苹果的价格是1元/个,小明买了1000元的;而后红苹果的价格跌到0.5元/个,小明又买了1000元的。请问,小明所买的红苹果平均价格是多少钱?见图4-2。

红苹果的价格是1元/个,小明第一次买了1000元的

红苹果的价格跌到0.5元/个,小明又买了1000元的

请问:小明买的红苹果平均成本是多少钱?

图4-2 小明买红苹果的计算题

这是一道小学算术题,可是90%的人会算错。答案是0.667元,而不是0.75元!见图4-3。

小明花2000元买了3000个红苹果,所以小明买的红苹果平均成本是:0.667元/个

图4-3 红苹果平均成本图

如果把苹果换成基金,一看就明白了:为什么需要在低点加仓?因为低点加仓,成本会低到超出我们的想象。

比如,在5000点的位置买基金,1元买的,曾经最低跌到了0.5元。如果在首发的时候买了10万元,能在0.5元继续加仓10万元,那么基金净值只需要涨到0.667元即可保本,从0.5元反弹到0.667元相对还是比较容易的,而如果没有在底部加仓,即使净值回到0.667元,客户的亏损还是超过30%。

当然，我们不大可能很精准地在最低点 0.5 元时加仓，毕竟谁也不知道最低点在哪里。此时，采用定投的方式继续投资也可以摊薄成本。比如，以每周定投 2000 元的方式继续加仓，坚持下来，也能够很好地摊薄成本。

综上所述，当你的基金被套时，不要着急也不要慌张，继续持有更长的时间，或者更加积极主动一些，用定投的方式继续补仓，这样你就会更快地看到黎明的曙光。

六、年年岁岁花相似，如何投资基金更赚钱

"太阳底下没有什么新鲜事"，股市的行情年年都在重复，A 股如此，美股亦是如此。每当市场暴涨或市场极度悲观的时候，投资者总处于情绪的两种极端，要么极度疯狂，要么极度绝望，而这个时候，人们总会找到各种不一样的理由，觉得这次市场不一样。华尔街有一句非常经典的名言："这次不一样，这句话的代价是非常昂贵的！"每次投资者觉得不一样的时候，其实市场行情一样是在重复的，正所谓"年年岁岁花相似"。

那么，作为普通投资者，在不断重复的行情中，如何投资基金才能更赚钱呢？对于银行理财经理而言，如何通过基金理财投资，在逆境中帮助客户赚钱，从而增加客户黏性，让基金客户实现正增长呢？

（一）在逆境中帮助客户赚钱，实现基金客户正增长

一旦基金出现亏损，很多理财经理就面临着客户不断流失的问题，其

实，每一个人投资时也是如此，亏损后再补仓，难度很大。尤其在市场暴涨暴跌的时候，客户会很快流失。那么，理财经理如何在逆境中帮助客户赚钱，实现基金客户正增长呢？先给大家看一组数据。见图4-4。

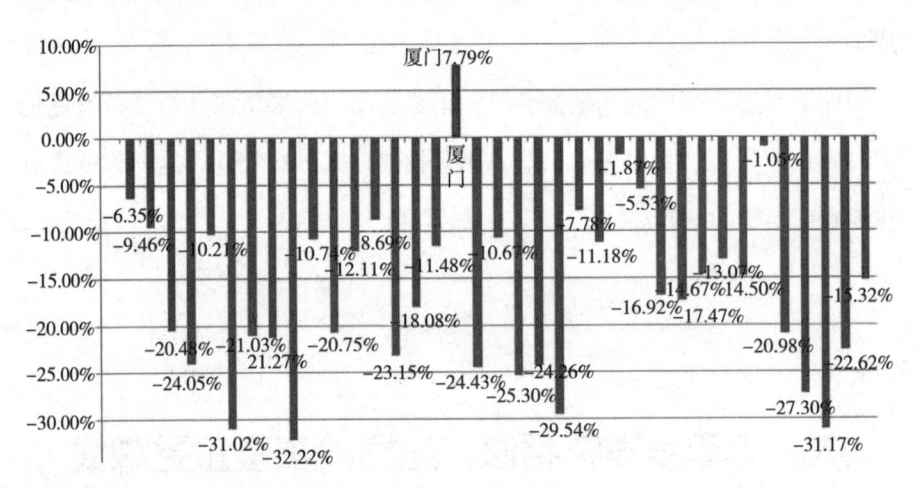

图4-4 厦门数据增长图

看到这张图，大家一定惊呆了，这是什么数据？各个地区均负增长，只有厦门区域保持了接近10%的正增长。我们再来看加上标题后的数据。见图4-5。

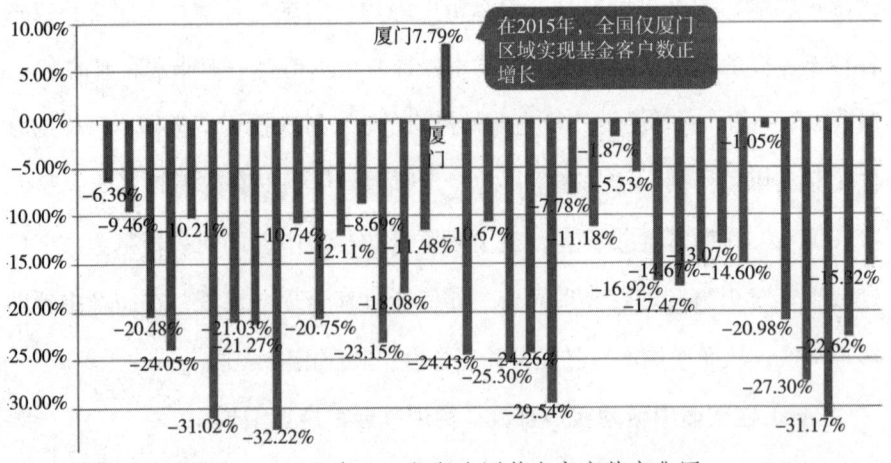

图4-5 2015年××银行全国基金客户数变化图

原来，图 4-5 是 2015 年 ×× 银行全国基金客户变化情况。从数据来看，2015 年，×× 银行只有厦门区域的基金客户数实现正增长，全国其他区域基金客户数均为负增长，这就是厦门创造的奇迹。

在 2015 年，很多散户投资者被套牢，基金客户数负增长是理所当然的事情，厦门为什么能够实现正增长呢？从事金融行业的朋友都知道，客户数是金融行业之本，只有客户数不断做大，才能够实现销量增长；当客户数萎缩的时候，对零售业务而言，几乎是灭顶之灾。

（二）"分散播种，集中收获"的获益力

众所周知，A 股市场的系统风险位居全球主要市场之首，其波动性是一般客户难以把握和承受的。因此，要在 A 股这个充满系统风险的市场里牟利，如何规避系统风险是每个投资者必须面对的首要问题。这个问题也是银行代客理财业务中必须回答的一个问题，根据资本市场和基金的投资运作原理提出的"分散播种，集中收获"的基金投资策略，自开放式基金诞生之日起，得到了广泛的运用并经受了市场的考验。

以投资者购买中国建设银行的基金为例，所谓"分散播种，集中收获"基金投资策略，就是投资者均衡等额认购经过中国建设银行精挑细选的偏股型基金产品。自 2001 年开放式基金诞生以来，截至 2015 年 6 月 12 日，只要投资者每年均衡认购中国建设银行 2001～2015 年推荐的偏股基金，各年度推荐产品平均单位净值 2.4622 元、复权累计净值 5.0259 元，年化收益 60.36% 复利年化达 27%。尤其在 2004 年、2005 年基金发行无人问津、市场低迷的情况下，投资者"斗胆"买入并长期持有净值增长平均超过 10 倍，在 2016 年，经历"股灾"和熔断后，大胆买入基金并持有至 2022 年 6 月底，也有翻倍的收益率。见表 4-3。

表4-3　2001~2021年度基金投资收益表

年度	单位净值（元）	复权累计净值（元）	发行数（只）	平均运行时间（天）	年化收益率（%）	复利年化收益率（%）	总收益率（%）
2001年	1.0730	6.9314	1	7380	29.34	10.05	593.14
2002年	1.0845	5.8691	2	7140	24.89	9.47	486.91
2003年	2.4616	10.7701	6	6794	52.49	13.62	977.01
2004年	3.5527	13.1285	8	6434	68.81	15.73	1212.85
2005年	3.5627	11.3620	7	5311	71.21	18.18	1036.20
2006年	2.5563	6.0345	27	5709	32.19	12.18	503.45
2007年	1.4444	2.5788	9	4907	11.74	7.30	157.88
2008年	2.7734	5.1738	19	5028	30.30	12.67	417.38
2009年	2.2023	3.0752	56	4754	15.93	9.01	207.52
2010年	2.4526	2.9314	30	4320	16.32	9.51	193.14
2011年	2.5630	3.1830	32	3974	20.05	11.22	218.30
2012年	3.3528	4.6122	15	3633	36.30	16.60	361.22
2013年	3.4428	4.1389	20	3064	37.39	18.44	313.89
2014年	2.8152	3.0754	34	2881	26.30	15.30	207.54
2015年	1.7326	1.7994	74	2544	11.47	8.79	79.94
2016年	1.9228	1.9954	45	2171	16.73	12.31	99.54
2017年	1.8880	1.9051	58	1789	18.47	14.06	90.51
2018年	1.7640	1.8185	66	1134	26.34	21.22	81.85
2019年	1.6811	1.7184	48	1087	24.12	19.94	71.84
2020年	1.1348	1.1453	92	724	7.32	7.07	14.53
2021年	0.9271	0.9286	86	363	-7.19	-7.19	-7.14
均值	2.2089	4.4845	35	3864	32.92	15.23	348.45

截至日期：2022年6月30日

投资者即使没有在市场最高点获利了结，将2001~2021年分散均衡买入的筹码持有至2022年6月底，仍然获得了超过348.45%的平均投资收益，年化收益率仍高达32.92%、复利年化收益15.23%。该投资收益大幅高于银行贷款的利率水平。因此，投资者要做杠杆投资，也应该是放长期的杠杆。比如，买房置业时，应尽可能加大按揭层数，以后每月缴纳的公积金可逐月还贷款，未来的现金流可按"分散播种，集中收获"的策略分散均衡的投资基金，这样就可获得可观的杠杆收益。

所谓"大道至简"，其实，所有投资赚钱的方法其实都非常简单，投资基金亦如此。在A股波动如此之大、投资者的金融基础知识薄弱的情况下，"分散播种，集中收获"可以说是一种很适合大部分基金投资者的投资理财策略，如果你坚持用这种方法进行基金投资，从长期看，赚得盆满钵满是大概率事件。

第五章
"分散播种，集中收获"策略在基金定投中的应用

一、基金定投同样需要"分散播种，集中收获"

上一章讲述了普通投资者通过"分散播种，集中收获"这种简单明了的投资方式进行基金投资，从历年数据来看，"分散播种，集中收获"并不是纸上谈兵，而是在实践投资应用中取得了很好的效果，不仅很多银行理财经理参与实践投资，很多投资者使用这种方法也收益颇丰。

其中，一些投资者提出，好像基金定投也可以采取"分散播种，集中收获"的投资方法。的确如此，基金定投和"分散播种，集中收获"的基金投资策略有异曲同工之妙。

（一）什么是基金定投

基金定投是定期定额投资基金的简称，是指在固定的时间（如每周五）以固定的金额（如500元）投资到指定的开放式基金中，类似于银行的零存整取方式。

基金定投有懒人理财之称，其价值缘于华尔街流传的一句话："要在市场中准确地踩点入市，比在空中接住一把飞刀更难。"如果采取分批买入法，就克服了只选择一个时点买进和卖出的缺陷，可以均衡成本，帮助自己在投资中立于不败之地。

（二）基金定投的优点

在实践中，有些基金客户不再愿意购买基金，主要是因为一次性买入容易亏损，投资体验不佳。而基金定投恰恰相反，分批投入，集中收入，相比一次性投资，基金定投可以让投资者获得更好的投资体验，投资者通过定投的方式"分散播种，集中收获"，赚钱的概率相对较高。基金定投业务对普通投资者而言，主要有如下四个优点：

1. 手续简单，省时省力

定期定额投资基金只需投资者去基金代销机构办理一次性的手续，此后每期的扣款申购均自动进行，一般以月为单位，但是也有以半月、季度等其他间限期作为定期单位的。相比而言，如果自己去购买基金，就需要投资者每次都亲自到代销机构办理手续。据此，定期定额投资基金被称为"懒人理财术"，充分体现了其便利的特点。

办理基金定投之后，代销机构会在每个固定的日期自动扣缴相应的资金用于申购基金，投资者只需确保银行卡内有足够的资金即可，省去了去银行或者其他代销机构办理的时间和精力。

目前，各大银行以及证券公司都开通了基金定投业务，且进入门槛较低。普通投资者进行基金定投，不用去操心市场波动，按时投资，严守纪律。而且，现在一些银行已经推出了"止盈点赎回"或者"分批赎回"的服务，客户可以根据自己的需要设置一个"止盈点"（比如10%），只要定投收益达到这个"止盈点"，就自动赎回，然后进入下一轮播种收获期。

换句话说，客户根本不用关注市场变化，只需要每隔一段时间看看收获就好了。

2. 定期投资，淡化择时

投资者可能每隔一段时间都会有一些闲散资金，通过定期定额基金投资计划所进行的投资增值（亦有可能保值）可以"聚沙成丘"，在不知不觉中积攒一笔不小的财富。

投资的要诀就是"低买高卖",但很少有人在投资时能精准掌握最佳的买卖点,为避免这种人为的主观判断失误,投资者可通过"定投计划"进行投资,不必在乎进场时点,不必在意市场价格,无须为其短期波动而改变长期投资决策。

3. 平均成本,复利效应

资金是分期投入的,投资的成本有高有低,但长期平均下来,成本就比较低,所以最大限度地分散了投资风险。

"定投计划"收益为复利,即本金所产生的利息加入本金继续衍生收益,通过"利滚利",随着时间的推移,复利效果越来越明显。定投的复利效果需要较长时间才能充分展现,因此不宜因市场短线波动而随便终止。只要长线前景看好,市场短期下跌反而是累积更多便宜单位数的时机,一旦市场反弹,长期累积的单位数就可以一次获利。

4. 人人平等

你有几百元资金,可以采取基金定投的方式投资,你有几百万元资金,也可以采取基金定投的方式投资,而且,基金定投并不会因为投资者投资的钱多就给你贴上标签,给你不一样的投资收益;不会像某些产品有特定的门槛,动辄几十万元或百万元起,而基金定投真正做到了人人平等。

2016年12月,债券市场出现调整,一些投资者在银行买了理财产品之后,行情出现了波动,于是跑到银行咨询,某银行客户经理竟然告诉客户:"那是你投资的钱少了,所以风险比较高,如果你投资几百万元或者上千万元,我们就有风险更低收益更高的产品给你。"

其实,这已经不是公开的秘密了,很多银行都有专门针对私人银行定制的理财产品，收益更高且风险还低，但是门槛都是百万元起步，很多普通投资者基本是没机会体验的。

不过，在基金定投面前，人人平等，人人平均分享收益，并不会因为投资金额大小而区别对待。

二、什么时候播种更好

很多朋友了解到基金定投的诸多优点之后，难免摩拳擦掌、跃跃欲试，很想立马开户做基金定投。很多投资者心中疑惑："到底什么时候做基金定投最好呢？"这个问题涉及定投的时间点，是比较重要的。

（一）基金定投真的有最佳时间点吗

一般而言，做基金定投就是要尽量避开择时的判断，这样才能克服人性的弱点。由于投资者投资的频率不同，而且随着银行推出了周定投业务，总有投资者问："如果按周定投，那么星期几是最佳的定投时间点呢？""我按月做定投，是上旬扣款，或中旬扣款，还是下旬扣款最好呢？"

扣款时间点的确会有一些影响。尤其在A股市场上，由于散户比重占比较高，在一些关键性的时点上，A股市场总会有一些特别的反应。比如，大家耳熟能详的"招商证券策略会"，每逢招商证券开投资策略会，A股市场经常大跌，尽管基金经理压根就没想将A股的大跌与招商证券的策略会扯上关系，但稍有一点经验的投资者经常吓得心惊肉跳。据媒体记者统计近四年的招商政策年度策略会及近三年的中期策略会后发现：A股传说中的"四大魔咒"之一——A股逢招商证券开会必跌，真不是说说而已。

不仅在A股市场，其实在全球其他市场也有类似效应。比如奥运会、世界杯等大赛开始前，股市的表现往往不好。所以，基金定投是真的有定投时间点。

（二）周定投，星期四较优

既然基金定投有最佳时间点，那么哪个时间播种更好呢？

有经验的投资者都知道，A股市场有着"黑色星期四"效应，即星期四这天，市场下跌的概率比较高。

从涨跌幅来看，周四平均涨跌幅明显低于其他交易日，无论是均值还是中位数均为负值。此外，从上涨概率来看，周四上涨概率低于50%，也明显低于其他交易日。见图5-1。

资料来源：Wind，光大证券研究所。

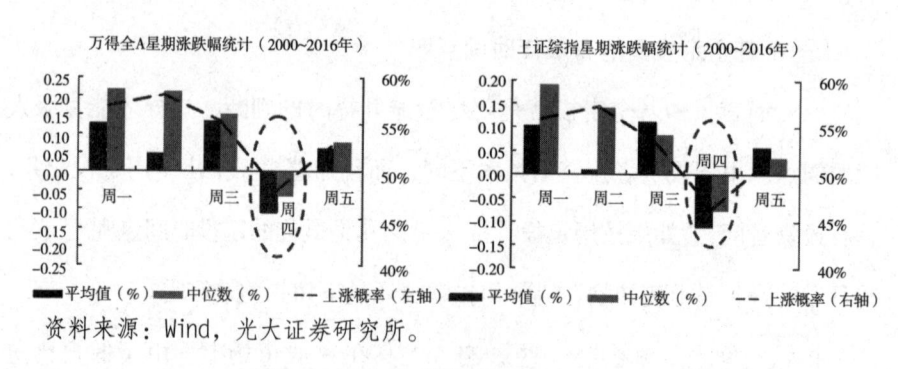

图5-1 A股的"黑色星期四"效应

值得注意的是，从实际的策略回测结果来看，也验证了A股"黑色星期四"效应。以上证综指为例，通过简单的"周四空仓"策略，从侧面验证A股的"黑色星期四"效应的显著性。数据表明，2000～2016年，每逢周四空仓的策略，其结果相较指数基准要好很多。见图5-2。

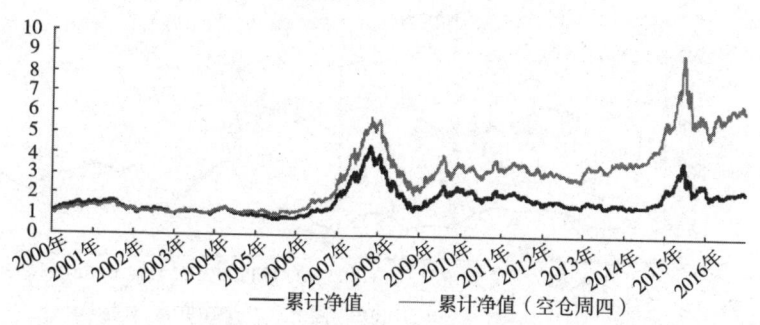

星期效应策略回测结果（以上证综指为例）

图5-2 "周四空仓"投资策略图

资源来源：Wind，光大证券研究所。

从以上分析来看，如果是按周定投，星期四是比较好的投资时点，因为星期四下跌概率较高，此时往往是比较好的定投建仓时间点。

（三）月定投，下旬较优

目前，从平均表现来看，A股每月上、中、下旬表现呈台阶式下降，上旬最好，下旬最差。造成A股表现月初好、月末差的原因可能有两个方面：一是月初PMI、信贷等宏观数据出炉，会对股市产生影响，二是从上海银行间同业拆放利率（Shibor）等短端利率月内平均走势来看，市场资金面上半月相对较为宽松，而下半月相对偏紧。分别见图5-3和图5-4。

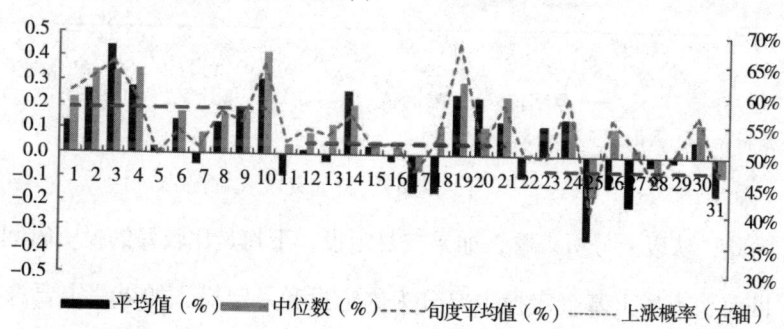

万得全A月日历涨跌幅统计（2000~2016年）

资料来源：Wind，光大证券研究所。

图5-3 A股下旬效应图

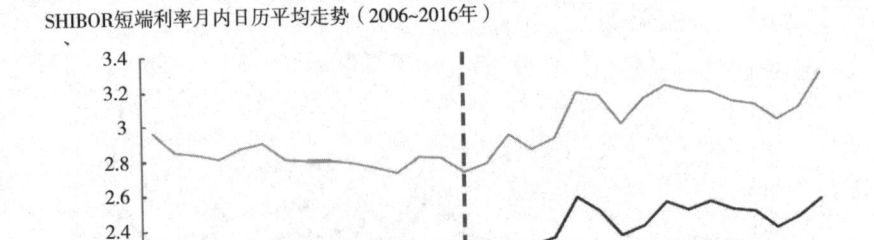

SHIBOR短端利率月内日历平均走势（2006~2016年）

资料来源：Wind，光大证券研究所。

图5-4　Shibor短端利率走势图

另外，从实际的策略回测结果来看，也可以验证A股下旬效应的显著性。

以上证综指为例，我们通过一个简单的"下旬空仓"策略，也可以侧面验证A股下旬效应的显著性。2000～2016年，采取"下旬空仓"（"中下旬空仓"）的策略，其结果同样相较指数基准要好很多。见图5-5。

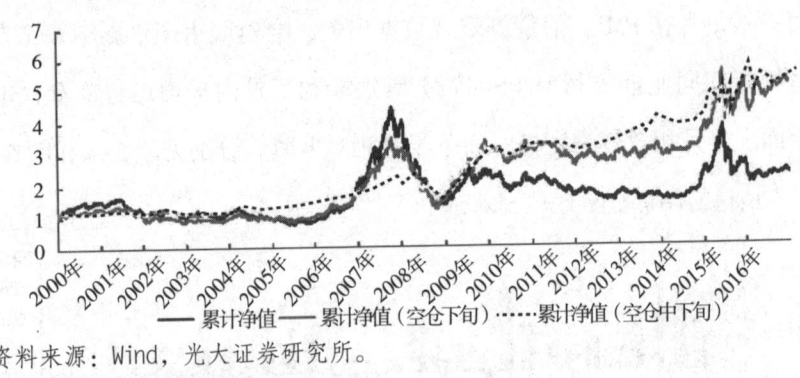

旬度效应策略回测结果（以上证综指为例）

资料来源：Wind，光大证券研究所。

图5-5　"下旬空仓"投资策略收益图

因此，从以上分析来看，如果按月定投，下旬是比较好的投资时间点。

目前，市场上基金定投主要分为周定投和月定投，如果一定要选择一个相对合适的时间点定投扣款，星期四和每月下旬是比较好的时间点。

三、基金定投究竟要投资多长时间

基金定投究竟要投资多长时间？一两年，还是5年、10年甚至更久？这是很多投资者都想了解的问题，下面我们就来分析一下。

（一）基金定投一定要长期投资吗

理财经理讲基金定投时，最喜欢做的事情就是进行收益测算，比如，如果坚持做10年基金定投，收益率会有多高，然后拿出一个定投计算器或者Excel表格，再大吼一声"复利是一大奇迹！"按照年化10%或者15%的收益，如果坚持定投10年、20年甚至更长的时间，等到你退休后，就将成为百万或者千万富翁了。如果能做大额定投或者能在中途高点赎回，继续坚持定投下去，你都有机会成为亿万富翁甚至挤入福布斯财富排行榜。

很多理财经理给投资者推荐基金定投，基本是这个套路，定投只有长期坚持才有好的投资回报。

可是，随着时间推移，越来越多的投资者却不认同这个观点了，这是为什么呢？

一是市场波动太大，投资者总后悔没在高点赎回。虽然一直建议客户做基金定投长期投资，可是，长期投资都是逆人性的，而且，A股市场波动太大，如果没有在高点及时止盈赎回，往往持有时间越长，反而赚钱越少。

举个例子：过去 15 年，上证指数一直在 3000 点左右徘徊，很多个股的股价比 10 年前的股价还要低。基金定投亦是如此，如果给客户一个重回 2015 年上证指数 5000 点的时机，你会建议客户继续持有吗？不用说客户了，理财经理自己也会在 5000 点止盈！

因此，在高波动的 A 股市场，客户长期持有的体验也许并不好。

二是每月扣款，感觉像欠了银行的贷款。很多客户在对基金定投了解不多的情况下，总担心成为"老赖"，这是什么原因呢？

很多初了解基金定投的人对基金定投的简单理解是：只须在银行开通定投业务，然后绑定一张银行卡，定期扣款买基金就可以了，不用操什么心。

大家知道随之而来令人担忧的最大问题是什么吗？

不是会不会亏损，也不是要买什么基金、持有多长时间，而是"万一我的银行卡没有钱，扣款失败了，我会不会在银行留下记录，甚至可能成为'老赖'？"

这是很多理财经理从未想过的问题，但是对很多"小白"而言，定投就像和银行签了一个协议（其实过程大抵如此），他们感觉就像是欠了银行一笔贷款（每个月银行固定扣钱），万一卡里面没钱，那会不会成为"老赖"呢？如果从这个角度看，部分投资者的担忧似乎也不无道理。

（二）基金定投也要"集中收获"

如前面分析，让投资者长期投资坚持基金定投，往往很少有人能坚持下来，其实，看看我们身边的亲朋好友，真正一直坚持基金定投的有多少人呢？想必寥寥无几。

其实，基金定投也需要"集中收获"，及时止盈方可"落袋为安"，要不然，很多收益都是水中月、镜中花。

投资和跑步类似，懂得止盈就像在跑步的时候给自己设定个小目标一样。

长期投资就像跑马拉松，如果一开始你就和一个新手说"去跑马拉松吧！跑马拉松对身体可好了，沿途风景很美，旁边观众热情如火，还有很多人喊加油，最后还有奖励！"你会去跑吗？我相信90%的人回答是否定的，大部分人可能会说："我知道跑马拉松对身体很好，要不你去跑，我可以在旁边当观众为你加油！"

大部分人其实是不适合跑马拉松的，而这个时候，新手投资者应该定个小目标，比如先跑个400米或者800米。

基金定投的收益率不要设定得太高，先定个小目标。比如，超过银行理财产品，年化收益率5%～8%。也许，这个目标可在比较短的时间内就能达成。根据测算，在过去十几年里面，按月定投偏股基金指数，平均5～8个月即可达成年化收益率8%的小目标，这个投资时间，相信很多投资者是愿意尝试的。

综上所述，基金定投也要止盈，先确定个小目标，集中收获，投资体验会更好。

四、基金定投如何及时止盈，集中收获

前面谈了基金定投的相关技巧，接下来介绍基金定投如何及时止盈，

定投的小目标究竟多少适合。

一些投资者觉得，如果定投只是为了超越理财产品收益率，这个目标也太低了，他们希望获得更高的收益率。每个投资者的风险偏好、投资时间经验、资金规模等不同，对收益率的期望自然不一样。

投资者可选择的止盈目标有多种。比如，可以参考市场点位、交易量、基金的销售情况和具体的时间点等，有很多止盈指标是比较量化的指标，对普通投资者而言可能参考性不强，或者说投资者未必经常关注这些指标。

下面来分享一下如何设定目标，及时止盈，集中收获。

众所周知，通过银行进行基金投资，投资者需要做风险测试，此时投资者的投资经验是一个非常重要的参考指标。在资本市场中，投资经验长短，是否经历过"牛熊市"的洗礼，会影响到投资者对投资收益的期望。不妨从投资经验的长短这个简单易得的指标来分析。见图5-6。

定投止盈目标及实现定投止盈目标的平均时间							
定投止盈小目标	8%	10%	15%	20%	30%	50%	100%
实现定投止盈目标平均需要时间（月）	5	6	12	16	23	40	69
	适合新的投资者		适合有一定经验的投资者			适合长期投资者	

数据来源：Wind，测算区间为2004年1月1日～2022年3月17日，测算标的为万德全A指数（月定投），目标收益定投方法为达到目标收益后即开始下一轮定投。

注：以上仅为指数模拟收益测算，不预示未来情况，仅作分析之用，不构成投资建议。市场有风险，投资需谨慎。

图5-6　基金定投止盈的小目标

（一）新投资者如何止盈

最近几年，随着互联网渠道的兴起，很多新的投资者蜂拥而入购买基金。其中很多是"90后"，这批"90后"还戏谑称呼自己为"韭零后"。

为什么会这样？

其实，主要因为年轻投资者没有明确的投资目标。新投资者易冲动，风险意识薄弱，觉得满地都是黄金，如果不赶紧跑步入场，赚钱的机会都被别人抢走了，而且很想赚"快钱"，最好是"一夜暴富"。因此，新的投资者亟须进行正确的引导，树立理性的投资理念。

新投资者一般指基本没有投资过股票和基金的投资者。很多人以为，新投资者应该是中老年人居多，恰恰相反，往往是年轻人居多。这是因为，中国的资本市场已经发展了几十年时间，其间经历了几轮"牛熊市"，年纪大的投资者反而投资经验比较丰富，年轻人则对市场比较陌生。

年轻的新投资者一定要降低投资期望。因为，新的投资者往往是看到各种媒体报道，尤其是通过直播、短视频等自媒体平台被吸引过来的，这些传播方式所传递的投资理念和方式往往存在夸大的成分，容易误导新的投资者。所以，如果是刚开始进行基金投资，尤其是定投，在设定盈利目标时，略高于银行理财产品收益率即可，一般年化收益率5%~8%，最好不要超过10%，因为年化收益率超过10%在短时间是较难实现的，而相对低的目标实现的概率相对高一些。

根据测算，从2004年至2022年3月，如果月定投万得全A指数，在不考虑交易成本的前提下，达成8%的收益率目标大概需6个月。对新投资者而言，这样的持有时间和收益率应该能满足大部分人的投资理财需求，这个收益率不但高于银行理财收益率，还高于房贷利率。

所以，这样的小目标是比较适合新投资者的。

（二）有一定交易经验的投资者如何止盈

对于有一定交易经验的投资者，前述投资目标肯定是比较低了。所谓有一定交易经验的投资者，指的是有1~3年投资经验的投资者，他们对股票和基金等投资品种了解是比较多的，而且，也愿意持有更长的时间。

其实，持有时间非常重要，因为时间的长短决定了收益率的高低！毕竟，时间和收益率是正相关关系。而很多投资者往往忽视了这点，觉得自己就是万里挑一的投资奇才，可以"一夜暴富"或者买到"十倍股"。新投资者容易犯这类错误，而有一定经验的投资者，犯这类错误的概率相对较低，因此，可以适当提高投资预期。

建议这类投资者持有更长的时间，至少1年以上，设定收益率目标超过10%，比如15%或者20%～30%。根据测算，从2004年至2022年3月，如果月定投万得全A指数，在不考虑交易成本的前提下，达成20%的收益率目标大概需16个月。

值得注意的是，除了建议此类投资者持有更长的时间，还建议他们做大额定投，投入更多本金，持有更长时间，获取更高的收益率。

（三）长期投资者如何止盈

对于长期投资者而言，10%～30%的收益率似乎又不是那么吸引人了，这类投资者经历过"牛熊市"的洗礼，明白股市和基金赚钱的逻辑，而且，他们投资的钱主要都是长线资金，投资周期至少3～5年甚至更长的时间。回顾公募基金的发展历程，如果你比较早买到基金收益更高，有很多基金都是10年10倍收益，比如被誉为"公募界巴菲特"的富国天惠基金经理朱少醒，截至2022年8月，其管理的一只基金17年翻了17倍。

长期投资者认同基金定投长期投资的理念，那就给他们设定更高的投资目标，比如收益率目标为50%以上乃至100%。根据测算，从2004年至2022年3月，如果月定投万得全A指数，在不考虑交易成本的前提下，达成50%的收益率目标大概需40个月，而达成100%的收益率目标大概需70个月。

由此可见，对长期投资者而言，可以设定更高的目标，持有更长的时间，享受翻倍乃至更高的收益率。

五、如何避开基金定投的投资误区

经过多年的发展，目前基金定投业务已经深入人心了，而且很多投资者也尝试过基金定投，投资体验比一次性买入更好。但是，基金定投看似简单，且坚持下来的话，赚钱概率相对较高。可是，仍然有很多做定投的投资者也会亏损。

那么，基金定投到底有哪些误区？我们从三个方面来分析探讨。

（一）基金定投就一点儿钱，还不如不投

为了让更多的投资者体验基金定投，树立正确的投资理念，基金定投的门槛不断降低。比如，在蚂蚁金服或者一些银行定投的门槛已经低至10元起，应该说，基本相当于没有门槛了。

可是，有一些投资者认为，投资一定要投入大量本金，少则几十万元，多则上百万元，这样才能赚钱，每个月投资几百元或者一两千元，还不如不投资，反正也赚不了多少钱，就算翻倍，也才那么一点点，不如及时行乐算了。

其实，这种理念是不对的。投资无论金额大小，要根据自己的投资实力，而是否具备这样的投资理念，带来的结果是不一样的，正所谓你的认知决定了你可以赚多少钱。大家如果稍微留意一下，会发现那些天天想赚大钱"一夜暴富"的人，最后都赚不到什么钱，反而是脚踏实地，根据自己投资能力小步快走,"日拱一卒"的投资者,长期坚持下来,反而更容易积累财富。

基金定投是一种财富积累的观念,无论金额多少,你只要养成了定投的习惯,无形中你也就树立起了正确的投资理念,虽然今天你投入的金额不多,日积月累,最后的收益还是很可观的。

从实践出发,有些投资者,比如刚刚毕业的大学生,才走上工作岗位,每个月可以定投的金额也就几百元。但是,将来工资更高了,可以投入更多,这个时候,正确的投资理念可以帮助你更好地进行财富管理,早日实现财富自由。

所以,千万别小看前期基金定投金额小,富足的人生,就需要从定投开始!

(二)基金定投一定要投资偏股型基金

这个话题颇具争议。目前,大多数银行对定投有效户的考核要求客户投资偏股型基金,如果客户是投资债券基金,完全不算考核目标。

从投资效果的角度而言,相对来说,定投选择偏股型基金的效果更为明显。多年来,基金经理在推荐基金定投方案的时候也会推荐偏股型基金,而不是债券基金。

在实际的定投过程中,投资者的体验是不一样的。可能投资者以前买入基金的投资体验是很差的,理财经理通过基金定投的方式,曲线让客户再投资基金,如果客户很难接受高风险的偏股型基金,可以让他们投资风险相对比较低的债券基金,虽然收益不高,但是相比偏股型基金,风险较低。即便相比理财产品,定投几个月的债券基金,收益应该不会太差,这个时候,客户有可能再重新接受基金,慢慢引导培育客户,根据客户的需要,再加配一些权益类资产在里面,这样客户就可以重新接受。

不过，定投债券基金不是长久之计，毕竟收益太低。投资几个月后，有了不错的收益后，可以引导投资者向偏股型基金投资，这才是定投的目的所在。

所以，对很难接受偏股型基金的客户和理财经理而言，前期不妨投资债券基金，一段时间后再定投偏股型基金。

（三）基金定投是长期投资，不能赎回

如前文分析，其实这也是基金定投的误区，有的理财经理建议客户基金定投时，总告诉他们，定投要到"天荒地老""海枯石烂"，这样才有机会"比肩巴菲特"。难道基金定投真的不能赎回吗？

其实不尽然。正如前文分析，针对不同的投资者，应该设定不同的投资目标，一步一步培养长期定投的习惯，同时获取更高的定投收益。

那么，有些长期投资者就问了："如果我的定投收益翻倍了，比如在2015年，是不是也不要赎回呢？"

先说答案，即使是长期投资者，基金定投也要赎回。这是什么原因呢？关于这一点，我会在后文具体分析，为什么长期投资者基金也要赎回，以及如何达到基金定投的最高境界。

六、定投的最高境界：永续基金定投

基金定投究竟要投多久呢？很多客户都会问这样的问题，甚至很多理财经理在推荐基金定投的时候，自己心里都在打退堂鼓。根据以往定投的宣传材料，基金定投至少要坚持5~10年，20~30年更好，如果年轻人开始投资，最好坚持到退休，那就是40~50年了。

其实，很多投资者是没有耐心和厌恶不确定性的。

在以前没有做过基金定投的情况下，一下子就要投资5~10年，甚至20~30年，很多人会望而却步，而且会感觉基金定投简直就是一个"无底洞"。

而且，部分"小白"投资者还会有个疑问：定投扣款就像房贷一样，究竟何时才是尽头？

基金定投的投资者大都是工薪阶层，刚开始都是抱着试试看的心态来做定投。每个月或每周定期扣款，虽然金额不大，但对很多工薪阶层的投资者而言，总是一笔支出，而且不知道什么时候才能有回报。

很多投资者抱怨："基金定投扣款就和房贷一样，感觉像欠了银行的钱，每个月都扣，房贷还好，最长就30年，而基金定投扣款却是没有具体期限的；房贷虽然扣了，但有房子住，心里还舒服一些，可是基金定投，钱是扣了，短期往往还是亏的，我怎么能坚持下来？"

如何能坚持下来呢？基金定投长期投资究竟是多长呢？现在，我们来分析一下基金定投的最高境界，即"永续基金定投"，这是基金定投的自循环理论。了解之后你会发现，其实基金定投真正投入的时间并不用那么久，在投资者启动第一轮的基金定投后，基金定投会进入"自循环"状态，从而达到"永续基金定投"模式。

（一）什么是"永续基金定投"

所谓"永续基金定投"，即投资者不再新增资金投入，而由基金定投赚到的钱作为定投本金继续投入，周而复始，实现基金定投的自循环。

通过长期的投资实践发现投资者只要启动第一轮的基金定投，在合适的盈利点赎回，然后继续投入，便可以实现基金定投的自循环，实现"永续基金定投"。见图5-7。

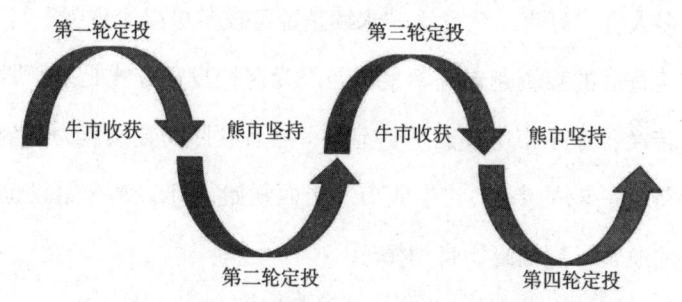

图5-7 基金定投自循环：永续基金定投

为了让大家更好地理解，我们不妨举个例子：

经过2009年的小牛市之后，从上一轮熊市的起点2010年开始，按周定投富国天惠基金（161005），每周投入500元，而后在2015年4月初，上证指数在4000点左右，定投盈利达到100%的时候，赎回其中50%，赎回的50%继续作为本金投入。即从2015年4月开始，投资者就不用再投入新的定投资金，只须等待下一轮的牛市收获即可。见图5-8。

图5-8 基金定投自循环收益效果图

其实，坚持基金定投的时间只有5年左右而已，而后基本就是实现了"定投的自循环"，周而复始，便实现了"永续基金定投"，见图5-9。

很多人肯定好奇：为什么"永续基金定投"可以实现呢？

其实背后的投资逻辑并不复杂，因为这种投资方式是基于股票市场牛熊市的转换：在牛市中赎回基金定投，然后赎回的金额作为基金定投的本金，等待下一轮的牛市，"牛熊市"周而复始循环，基金定投也按照牛熊市转换的逻辑，周而复始自动循环。

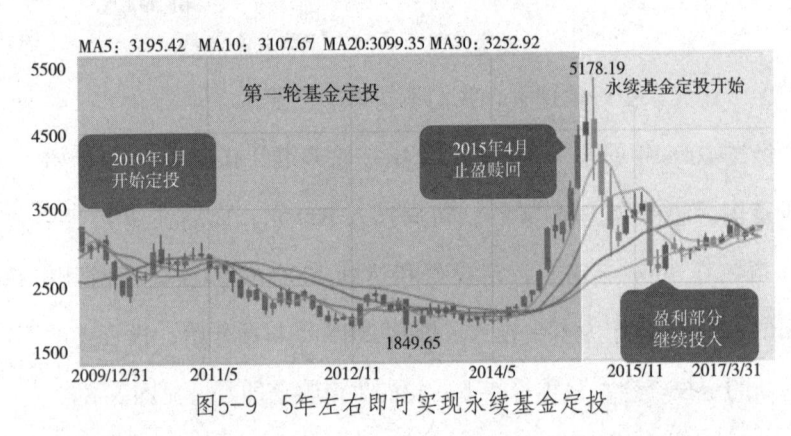

图5-9 5年左右即可实现永续基金定投

此举可以解决很多基金定投客户一直抱怨的问题——基金定投为什么不让我们赎回？因为有时候客户会发现，基金定投坚持越久收益却越差。

（二）如何实现"永续基金定投"

很多投资者在了解"永续基金定投"后都很兴奋，发现原来基金定投其实并不用坚持那么久。

那么，接下来大家肯定要问：我们如何做，才能够实现"永续基金定投"呢？别急，只需三步。

第一步：需要至少坚持5～6年的第一轮定投周期

你需要至少坚持第一个完整的定投周期，中国资本市场"牛熊市"的转换大概在 5～7 年，我们可取中值大概 6 年，如果你运气很差，正好从上一轮牛市的最高点开始定投，那你就需要做好心理准备，可能要投资 5～6 年。这个时间才是长期定投真正需要坚持投入的时间，而不是以往宣传的二三十年。

第二步：牛市止盈赎回，盈利作为定投本金继续投入

当你等到牛市的时候，基金定投有了收益，很多人都会有这样的疑问，究竟基金定投收益达到多高的时候，需要赎回呢？

其实，这个问题是没有标准答案的，每个投资者的投资期望是不一样的，盈利点自然也不一样，如果要实现"永续基金定投"，按照如下比率赎回相对好些：

基金定投收益达到 100%，赎回 50%。

即当你的基金定投收益达到 100% 的时候，比如你坚持了 5 年，每年投入 1 万元，正好投入本金 5 万元，盈利达到了 100%，赎回 50%，拿回本金，把盈利继续放在基金里面，而后用赎回的本金作为下一轮投资的本金继续投入，那么基本就可以实现永续定投了。

第三步：继续坚持投入，触发永续基金定投

这一步基本就不用投资者操心了，当基金定投盈利达到 100% 的时候，投资者已经达到了"永续定投"的触发条件，把赎回的 50% 继续当成本金投入，等待下一轮的牛市到来，再按照这样"盈利 100%，赎回 50%"的逻辑继续投入即可。

这个时候，很多朋友会问："我坚持了第一个定投周期，触发了'永续基金定投'，我还有钱继续投入怎么办？"

其实很简单，回到第一步，从第二个"永续基金定投"开始做起即可。

综上所述，只要坚持 5～6 年的时间，然后按照"盈利 100%，赎回 50%"的思路操作，你就能达到基金定投的最高境界，即"永续基金定投"了。

第六章
基金投资的误区和熊市的应对策略

一、投资基金有风险,不投资风险更大

很多人觉得投资基金有风险,尤其最近两年,市场的波动较大,让很多新的投资者"投基不成还蚀把米",甚至"谈基色变"。其实,收益和风险是并存的,想要赚钱必然要承担相应的风险。我在前文提到,公募基金是市场上最适合普通投资者投资理财的方式。想要投资基金,我们不能盲人摸象,只有了解公募基金,知道公募基金的运作模式以及可能面临的风险,我们才能根据自身情况选择适合自己的产品。需要强调的是,如果不投资理财,只把钱放在银行,其实面临着更大的风险。

(一)投资基金会面临的风险

投资基金的风险一般体现在以下七个方面。

1. 市场风险

证券市场价格受各种因素的影响而引起的波动,使基金资产存在潜在风险,主要包括:①政策风险:货币政策、财政政策、产业政策等政策的变化对证券市场产生一定的影响,导致市场价格波动,影响基金收益而产生风险。②经济周期风险:证券市场是国民经济的晴雨表,而经济运行具有周期性的特点。宏观经济运行状况将对证券市场的收益水平产生影响,从而产生风险。③利率风险:金融市场利率波动会导致股票市场及债券市场的价格和收益率的变动,同时直接影响企业的融资成本和利润水平。基金投资于股票和债券，收益水平会受到利率变化的影响。④上市公司经营风险：上市公司的经营状况受多种因素影响，如市场、技术、竞争、管理、财务等都会导致公司盈利发生变化，从而导致基金投资收益变化。⑤购买力风险：基金投资的目的是使基金资产保值增值，如果发生通货膨胀，基金投资于证券所获得的收益可能会被通货膨胀抵消，从而影响基金资产的保值增值。

2. 信用风险

主要指基金在交易过程发生交收违约，或者基金所投资债券之发行人出现违约、拒绝支付到期本息，导致基金资产损失。

3. 流动性风险

指基金资产不能迅速转变成现金，或者不能应付可能出现的投资者大额赎回的风险。在开放式基金交易过程中，可能会发生巨额赎回的情形。巨额赎回可能会产生基金仓位调整的困难，导致流动性风险，甚至影响基金份额净值。

4. 管理风险

指在基金管理运作过程中，可能因基金管理人对经济形势和证券市场等判断有误、获取的信息不全等影响基金的收益水平。基金管理人和基金托管人的管理水平、管理手段和管理技术等对基金收益水平存在影响。

5. 操作或技术风险

指相关当事人在业务各环节操作过程中，因内部控制存在缺陷或者人为因素造成操作失误或违反操作规程等引致的风险。

6. 合规性风险

指基金管理或运作过程中，违反国家法律、法规的规定，或者基金投资违反法规及基金合同有关规定的风险。

7. 其他风险

主要指战争、自然灾害等不可抗力因素的出现，将会严重影响证券市场的运行，可能导致基金资产的损失。金融市场危机、行业竞争、代理商违约、托管行违约等超出基金管理人自身直接控制能力之外的风险，可能导致基金或者基金持有人利益受损。

以上风险描述颇有"丑话说在前头"的味道，可谓将基金的现实风险和潜在风险毫无遗漏地进行了表述，而基金对收益的描述最常见的话语是"投资某某基金，分享经济成长果实"。投资者承担着基金公司描述的诸多风险，最终博取的是"分享经济成长果实"这种虚无缥缈的表述和不确定的收益，他们自然会心生疑虑。

不过，投资有风险是客观存在的事实。如果将生活中各种危险的概率进行无限的描述，生活还有什么乐趣？投资还有什么希望？其实，投资者关心的不是投资基金有没有风险的问题，而是风险大小和风险与收益比较的问题。另外，很多投资者其实没有认识到，如果不投资理财，面临的风险可能更大！

（二）为什么不投资理财可能面临更大的风险

在经济保持高速增长，银行居民储蓄存款也保持高速增长的情况下，货币财富的增长速度明显高于现实中物质财富的增长速度，加上大量的出口增长，货币财富对应的物质财富缺口呈逐步放大趋势，这也是通货膨胀的原因所在。而个人将资金存放于银行，其货币财富的增值速度为银行存款利率，按一年期利率为2.25%计算即年增长速度为2.25%，远低于GDP增速。换句话说，个人资金全部存放在银行，意味着其财富的增长速度远远低于社会平均的财富增长速度。

个人的货币资金若想在社会平均财富的高速增长中不至于落后，必须寻找相应的出路。在过去房地产市场不断看涨的形势下，投资房产显然是比较好的选择，但前文分析过，房地产投资对普通投资者而言门槛极高，动辄百万元起，并不适合普通投资者。此时，普通投资者除了投资公募基金来抵御通货膨胀，其实并没有其他更好的选择。

千万不要以为把钱放在银行就可以高枕无忧，其实通货膨胀一直在侵蚀你的财富！所以，大家不要看到市场波动就放弃投资理财了，因为，放弃投资理财会面临着更大的风险。

二、投资千万不要单打独斗

谈到基金投资，很多投资者充满了抱怨，似乎大多是负面言论，尤其在自媒体时代，很多媒体为了博取流量，发布一些不负责任和不专业的报告。前面分析过，媒体报道大概率是反向指标，如果媒体报道要买什么，那很可能是卖的时间点；反之如果媒体报道不能买什么，很可能是买入的时候。普通投资者已经被一些不负责任的媒体误导了多年，有太多的血和泪的教训。一些媒体不仅不专业，而且没有责任心，完全是哗众取宠。

在一些媒体的报道里，基金经理似乎是不负责任、不帮助老百姓好好管钱的形象，不得不承认"林子大了什么鸟都有"，任何行业总有"害群之马"，但是这些是极少数，绝大部分基金经理都是很负责任地在进行投资管理的。

基金的年化收益率远超市场平均水平和银行理财产品。可是总有投资者觉得自己操作更靠谱，自己投资亏损也认了，所谓"愿赌服输"。其实，这才是投资最大的误区。投资千万不要单打独斗，不要过度相信自己的能力，千万不要拿自己的业余爱好去挑战别人吃饭的本事！

（一）正确认识资本市场

弱肉强食是自然界的基本法则，这条法则伴随着生命起源而产生，是自然界高效率配置资源的关键。然而，当现实社会中出现强肉弱食的时候，资源的最优配置很可能落空，尤其在资本市场的博弈中，基金公司在投资主体中拥有越来越强势的地位，而开放式基金在"金融食物链"中处于最高位置。

资本市场是现实而残酷的。如果问投资者："给你3亿元甚至更多的钱，是否有信心在股票市场上赚到钱？"几乎每个人的回答都是肯定的。可是，事实上散户是很难战胜专业投资者的。从一定程度上说，普通投资者应认识到基金公司处于弱肉强食的"金融食物链"的最高层。对个人投资者而言，投资开放式基金是散户投资者化弱为强的有效且便捷的途径，这种理念也更容易被在股票市场碰得头破血流的个人投资者所接受。

"金融食物链"的理论和提法揭示了资本市场真实且残酷的一面，对个人投资者的思维造成强大冲击，个人投资者想自行在股票市场中博弈获取收益的幻想迅速被击破。正所谓"不破不立"，只有彻底打消个人投资者，尤其是对各种经济常识知之甚少、抱着"赌一把"的心态的人的幻想，基金的投资理念才会被这些群体所接受。

基金营销实践证明，对于曾经投资于股票市场的人，无论是已经盈利，还是亏损乃至深度套牢，以"金融食物链"理论为基础的营销模式都是极为有效的。其实，部分盈利的投资者即便赚了钱，也不明白赚钱的逻辑。至于被深度套牢的投资者，基本上对自行操作已经丧失了信心，要想唤起他们微弱的信心,"金融食物链"理论是少有的有效理论。当散户投资者认可"金融食物链"理论并投资基金后,如同在黑暗中的赶路人看到了方向。

(二)不要用你的业余爱好去挑战别人吃饭的本领

投资者最容易犯的错误,就是觉得基金经理的能力都很一般,换作自己随便去做,业绩都比基金经理好。其实,这是误区。我们不妨看看韩寒的文章《我也曾对那种力量一无所知》,其中谈到了业余和职业的区别。

"足球,我的爱好之一。从初中开始,班级联赛拿过全校冠军,新民晚报杯中学生足球赛,拿过四强,我护球很像梅西,射门很像贝利,曾经一度觉得可以去踢职业联赛。

"然而这一切都在某个下午幻灭了。那是十几年前,我二十岁,正值当打之年,一个学生网站组织了一场慈善球赛,我和几个球友应邀参加,他们都是上海高中各校队的优秀球员。比如二中'菲戈'、附中'克林斯曼'、杨浦'范巴斯滕'、静安'巴乔'。

"对手是上海一支职业队的儿童预备队,都是五年级左右的学生。我们去的时候欢声笑语,彼此告诫要对小学生下手轻一点,毕竟人家是儿童,哈哈哈哈。

"上半场结束后,我作为金山区'齐达内',只触到了一次球,上半场20分钟,我们就被灌了将近20个球。我们进球0个,传球成功不到10次,其他时间都在被小学生们当狗遛。

"后来,对方教练终止了比赛,说不能和我们这样的对手踢球,不然会影响小队员的心智健康。从那次以后,每次和大家一起看球,看到职业队踢了一场臭球以后,身边朋友纷纷大骂申花、上港,说自己上去也能把对方灭掉时,我总是笑而不语,心中荡漾起二十岁那个下午,被小学生支配的恐惧。而我也曾对那种力量，一无所知。"

投资也是如此，投资是门槛很低但是技术含量极高的工作。你看看基金经理的简介和日常工作，基金经理大多是知名大学硕士研究生毕业，有很长时间的投资经验，而且，基金经理平均每周的工作时间在 80～100 小时，大家算一下会发现，基金经理的工作强度令人惊叹。

我们还是来看看韩寒的感悟：

"千万别被'高手在民间'这句话催眠了，更别被电影和武侠小说忽悠了，在山里劈了 5 年柴，在瀑布底下打了 7 年水，用筷子夹了 10 年苍蝇，然后就去挑战散打职业运动员，会死人的。人们乐意看到顶级格斗高手被民间摊饼大叔利用平时做煎饼所积累下来的技术所打败，也愿意相信这样的故事，更津津乐道于捡到一颗仙丹，看了一本奇书，三天'速成'打败一代宗师，归根结底还是这样的故事能让大家产生一种'高人不过尔尔，说不定我也可以'的满足感。可能在某些手艺活方面，的确'高手在民间'，但我相信那是经过了大量的学习与专业训练，绝不是一朝一夕可以练就。然而，竞技体育以及科研等领域，所谓'民间高手'更不可能与专业人员抗衡。"

投资是一门科学，是投资者不断根据自己的认知做实验。投资者往往会得到负面反馈（比如亏损），这就是投资的难点。对一个投资行为的正确判断往往需要等待多年才会有结果，于是大量的人因为各种原因中途放弃，还来不及总结经验就黯然离场了。

如果你是科学家，从开始实验到得到结果可能不需要太长的时间。而在投资领域，了解、判断一个企业是否真正能够赚钱和盈利，这个过程可能需要很多年的时间。

所以，散户投资者千万不要用自己的业余爱好去挑战基金经理吃饭的本领。

三、万一买在市场高点，怎么做才能赚钱

投资赚钱的原理就是"低买高卖"，看似简单，但很难做到。实际上，很多投资者是"高买低卖"，在市场最疯狂的时候，投资者蜂拥而入，而后在市场最低迷的时候黯然离场。

投资者最怕的事情就是买在高点，但是，这是投资者的宿命所在，也是人性使然，大部分的投资者肯定会有买在高点的经历，尤其是新的投资者，这笔学费总是要交的。既然如此，我们何不正视这个现实？下面，我们来谈谈，如果买在高点，应该怎么办？如何投资操作才能降低风险，甚至，即使买在高点，也能够赚钱？

（一）如果买在高点，基金会不会清零

要判断市场是不是处于高点，其实有一个非常明显的特征，就是市场处于高点时基金开始按照比例配售了，很多投资者很不开心，说我想买基金为什么不让我买呢？等过段时间，你会发现，幸好基金按照比例配售，要不你可能会亏损更多。

此外，也有投资者认为，基金比例配售能防止市场出现大幅调整，继而迎来缓慢上涨的"慢牛"行情。遗憾的是，这只是投资者的一厢情愿而已，市场是残酷无情的。

历史上，比例配售制度早在2007年就有了，但仍然无法阻止2008年

市场的暴跌行情。

一旦市场暴跌，很多投资者就开始心慌了，甚至一些投资者担心基金会清零，毕竟不断有产品"爆雷"，甚至有一些产品，比如 P2P 等直接清零，导致投资者战战兢兢。那么，买在高点的基金，如果市场暴跌，会面临哪些极端风险呢？公募基金会不会清零？

投资者投资开放式基金时最为关注的第一个问题是，自己的投资会不会血本无归？由于基金对许多投资者而言是一个新生事物，他们对基金运作的来龙去脉一无所知。所以，在公募基金的宣传折页上有一句话至关重要，即"本基金公司经国务院相关部门批准成立"。换句话说，没有相应的资质和经过批准无法设立基金公司。而且有相当部分保险资金、养老金和退休金是委托基金公司进行投资理财，基金公司与银行一样，也是正规的金融机构，并非"皮包公司"。可以说，基金公司的审批、运作、托管和监管制度，确保了投资基金不可能血本无归。

投资者投资开放式基金需要关注的第二个问题是了解公募基金的风险与收益的相互关系。

我们来看一个真实的案例：从 2001 年 12 月中国建设银行代理发行华夏成长基金累计净值走势看，2003 年 1 月 2 日，该基金累计净值出现最小值 0.96 元，基金亏损 0.04 元，而 2004 年 4 月 6 日基金累计净值出现最高 1.284 元，亏损和盈利之比约 1 : 7，而从该基金成立至 2022 年 9 月 30 日，基金成立时间 7591 天，处于亏损状态仅 71 天，占总时间约 0.93%。

由此可见，投资基金在时间和空间上亏损的概率都比较小。从时间和空间的角度看开放式基金的风险收益，可以使投资者具有一个量化的概念，加上各种基金净值走势图，使投资者对风险收益有一个理性的认识。

对基金历史累计净值进行数字化的描述，可以让投资者对风险收益有一个基本的认识。但是投资者也应该认识到，基金过往业绩不能代表未来基金净值的走势，有些投资者误认为基金和股票一样，可能一天就有一个跌停板。理论上，由于基金手持一定的现金或债券资产，在股市大盘下跌时，其净值下跌幅度一般低于大盘下跌的幅度，加上基金的股票投资组合能回避一定的风险，所以基金净值的下跌速度较单只股票来说是极为缓慢的。投资者一旦认识到公募基金的风险和收益匹配情况，就会将大额资金用来投资开放式基金，因为与商业上的风险相比，开放式基金属于较低风险品种。

（二）在高点买了公募基金，如何才能赚钱

在了解基金的风险和收益的关系之后，下面我们来看看，万一在高点买了公募基金，如何做才能够赚钱。

历史数据显示，在A股市场任何一个时间点，一笔资金分散均衡到至少6个月的时间进场，则超过两年被套的风险就大幅降低，这也是现在越来越多的3年定开基金发行的原因。来看两个实证投资案例。

1. 2007年沪指6000点时如何买基金赚钱

2007年，上证指数6124点是A股市场至今难以逾越的高点，但是分散买入2007年新发的10只基金，到2022年6月30日平均获利156.39%，年化收益10.26%。见表6-1。

表6-1 2007年中国建设银行销售基金净值表

序号	基金代码	基金简称	单位净值（元）	累计净值（元）	成立日期	运行时间（天）	年化收益率（%）
1	213003	宝盈策略增长	1.0230	2.7367	2007年1月19日	5641	11.24
2	180002	银华保本增值	1.0062	2.4299	2007年3月1日	5600	9.32
3	377020	上投内需动力	1.1523	3.1548	2007年3月20日	5581	14.09

续表

序号	基金代码	基金简称	单位净值（元）	累计净值（元）	成立日期	运行时间（天）	年化收益率（%）
4	530005	建信优化配置	1.7240	3.4303	2007年3月23日	5578	15.90
5	570001	诺德价值优势	3.2230	4.2687	2007年3月25日	5576	21.40
6	610001	信达澳银领先	1.4691	2.2181	2007年3月30日	5571	7.98
7	630001	华商领先	0.7548	2.0559	2007年5月30日	5510	6.99
8	240010	华宝行业精选	1.8653	1.8653	2007年6月15日	5494	5.75
9	162209	荷银市值优选	1.1808	1.1808	2007年8月26日	5422	1.22
10	200008	长城品牌	2.0516	2.2986	2007年8月30日	5418	8.75
	平均净值		1.5450	2.5639	—	5539	10.26

截至时间：2022年6月30日

2. 2015年沪指5000点时如何买基金赚钱

2015年，A股沪指创下的5178点，现在仍是可望不可即，但是分散均衡买入当年中国建设银行新发的74只偏股基金，到2022年6月30日，平均收益高达79.42%，虽然沪指从5178点跌到了2022年6月30日的3400点左右，指数大幅下跌了近40%，但仅有9只基金出现亏损，其余的基金全部盈利，平均收益率高达79.42%。

我们选取了2015年6月上证指数在5000点左右时，在中国建设银行发行成立的16只基金，从业绩表现来看，仅有两只基金出现亏损，其中一只还是指数基金，即使在5000点左右买入中国建设银行推荐的新基金，盈利概率也高达87.5%，平均收益率为64.3%，平均年化收益率为9.14%。见表6-2。

表6-2　2015年6月上证指数5000点中国建设银行推荐偏股型主动基金净值表

序号	基金代码	基金简称	单位净值（元）	累计净值（元）	成立日期	运行时间（天）	年化收益率（%）
1	001306	中欧永裕	1.6290	1.6290	2015年6月2日	2585	8.88

续表

序号	基金代码	基金简称	单位净值（元）	累计净值（元）	成立日期	运行时间（天）	年化收益率（%）
2	001255	长城改革	0.8719	0.8719	2015年6月5日	2582	−1.81
3	001463	光大一带一路	1.3230	1.3230	2015年6月8日	2579	4.57
4	001448	华商双翼	1.7220	1.7220	2015年6月12日	2575	10.23
5	001417	汇添富医疗	1.7500	1.7500	2015年6月15日	2572	10.64
6	001396	建信互联网	1.3600	1.3600	2015年6月17日	2570	5.11
7	001475	易方达军工	1.8510	1.8510	2015年6月17日	2570	12.09
8	161030	富国体育	0.8220	0.5544	2015年6月18日	2569	−6.33
9	001417	汇添富移动医疗	1.7500	1.7500	2015年6月18日	2569	10.66
10	001193	中金消费	1.2688	1.2688	2015年6月19日	2568	3.82
11	001371	富国沪港通	1.2930	1.9628	2015年6月19日	2568	13.69
12	001463	光大一带一路	1.3230	1.3230	2015年6月24日	2563	4.60
13	001294	新华战略新兴	1.3698	1.3698	2015年6月25日	2562	5.27
14	001457	华商新常态	0.9680	2.1107	2015年6月25日	2562	15.82
15	001445	华安国企改革	3.9100	3.9100	2015年6月25日	2562	41.46
16	001534	华宝万物互联	1.5310	1.5310	2015年6月30日	2557	7.58
		平均净值	1.5464	1.6430	—	2570	9.14

截至日期：2022年6月30日

由此可见，即使不幸买在高点，也可分散在不同的时间点，均衡买入一揽子新发基金，然后坚定持有信心，2～3年回本获利是大概率事件。如果长期持有，仍可获得远超一般理财产品的收益水平，这就是应用"分散播种"的策略，即使在沪指6000点和5000点这样的高点买基金还可以赚钱的奥秘所在。

四、大危机孕育大机会,熊市中的基金投资法则

股神巴菲特有句至理名言:"在别人贪婪的时候恐惧,在别人恐惧的时候贪婪"。投资,就是要逆人性,"人取我弃,人弃我取"。如果所有人都能看对时机,岂不是人人都是百万富翁和千万富翁了。

(一)大危机中往往孕育着大机会

投资最佳的入场时机一般是发生大危机的时候。1998年,亚洲金融危机爆发时,市场上弥漫着恐慌情绪,大量恐慌盘杀跌而出,A股在促内需、保增长的政策带动下,迅速走出低迷行情,第二年上证指数就从1043点开始启动,用1年的时间,一路涨到2245点,其间涨幅高达115.28%。见图6-1。

数据来源:东方财富Choice。

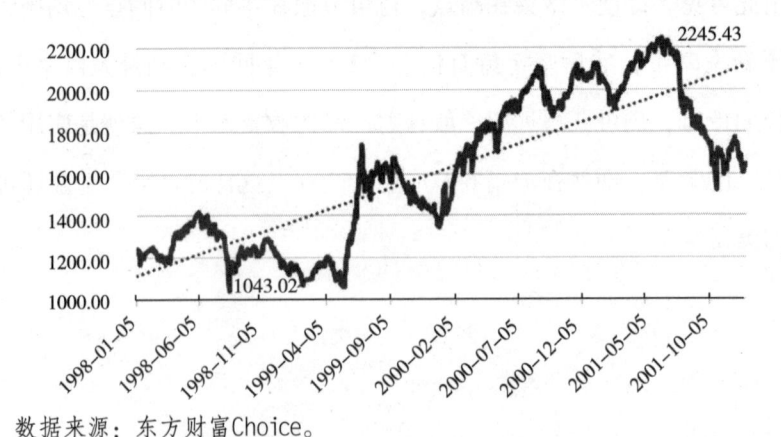

图6-1 1998年金融危机期间上证指数走势图

2008年，当美国次贷危机引发金融海啸时，A股市场急速暴跌，市场信心快速下降，就在媒体在热炒经济金融危机时，A股在救市政策中触底反弹。在随后的行情中，上证指数在短短的10个月内从1664点上涨至3478点，涨幅高达109%。见图6-2。

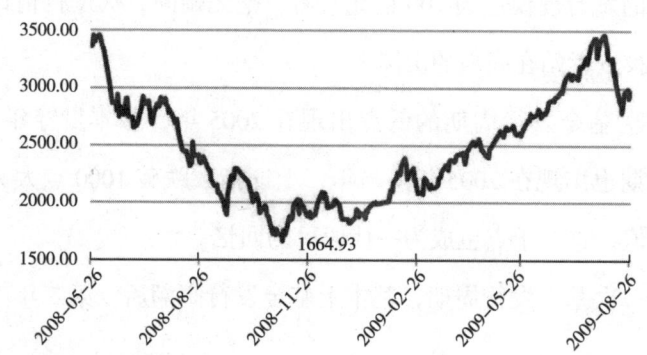

数据来源：东方财富Choice。

图6-2　2008年金融危机时上证指数走势图

由此可见，在大危机的情况下，布局买入超跌的股票很可能是最佳的投资良机，而借助基金公司专业的选股能力，获取大危机下的超额收益，更是基金投资的一项重要投资原则。

（二）如何打破基金发行的周期律

2022年，A股开盘后一路下跌，基金发行市场也逐渐走向冰点。

而2021年，元旦刚过，许多爆款基金一天的销售额就超过千亿元，由于限额发行，不得不进行比例配售。一年之间基金发行市场冰火两重天，差距如此大，不少新进入行业的从业人员感觉恍若隔世，有一种"不知今夕是何年"的感慨。

开放式基金自2001年诞生至2023年，已走过22年。如同四季一般，基金发行市场也周期性地出现火热夏天和冰冷寒冬的交替，只不过不像四季一样分明和规律。

2001～2003年，新发基金规模在30亿元左右，上下浮动全凭基金公司和银行合作的深入与否。第一次基金发行的周期高点出现在2004年一季度，当时的基金净值上涨了20%左右。这在2001～2005年震荡下跌的股市行情中，足以击败市场上的大多数投资产品。有暴利就会有爆款，有些热门基金的发行规模达到100亿元左右。毫无疑问，火爆行情让第一批闻风而来的投资者站在高高的山岗上。

而第一次基金发行周期的低点出现在2005年，基本贯穿年初年末。基金发行延期也出现在2005年。当年，上证指数跌破1000点大关，随着人民币的升值，这个千点也成为一代股民的回忆。

总结第一次基金发行周期，基本上基金发行高潮后，第二年就会迎来市场的冰点。

基金发行的第二轮周期高点出现在2007年。A股在2005年见底后就逐步盘整爬升，令人唏嘘不已的是，不仅很多散户已经被消灭，甚至很多大户、机构和券商也是倒在了"黎明前的黑暗"。所以2005年的新发基金在2006年年初就有20%左右的回报，但由于大量之前的筹码仍在盈亏平衡点附近挣扎，上证指数虽然从1000点涨到了1300点，基金销售却并未出现火爆的局面。直到2006年12月，上证指数突破了2000点，且当年的新发基金出现了短期快速赚钱效应。2006年12月7日注定要载入中国基金发行的史册，其时一只叫嘉实策略增长的基金横空出世，嘉实策略增长基金当日一天内销售金额连续突破100亿元、200亿元、300亿元、400亿元关口，首发规模达到419亿元。

可以想象，之前基金公司对2亿元的规模无计可施，一年之后白花花的银子竟然多得连整个房间都装不下。相信嘉实基金公司上下都难以用言语描述的激动。不仅嘉实基金感到震撼，投资者们也惊呆了。这还是一年前的银行在销售基金吗?

爬得越高跌得越狠,希望越大失望也越大!2007年,在市场最高点上投摩根亚太优势基金发行了,单日认购金额超过1000亿元,该基金成立后一路暴跌,最低净值低至0.322元,截至2022年10月11日,该基金净值为0.7593元,亏损近25%,也就是说,如果投资者从2007年买这只基金到现在,15年的时间过去了,居然还亏损25%。

高潮之后必然是低潮。潮起潮落是自然规律,也符合一定的社会规律。2006~2007年是A股历史上最大的牛市,2008年是最大的熊市,体现了收益与风险的匹配。

2008年,全球金融危机爆发,A股市场一路暴跌,上证指数当年跌幅达到65%,年内最大跌幅68%。市场的暴跌不仅导致2007年巨量买入基金的散户财产大幅损失,也导致新发基金快速进入了冰点。

回顾开放式基金的历史,我们可以总结出以下规律:

(1)A股6年左右迎来一轮大行情,基金单位净值平均翻倍是标配。最近20年时间出现了三轮大行情,2001~2006年新发基金也经历了三轮大行情,到目前为止,复权累计净值平均涨了8倍。见表6-3。

表6-3 2001~2006年基金投资收益率

平均认购成本为面值1元

年度	单位净值(元)	复权累计净值(元)	发行数(只)	平均运行时间(天)	年化收益率(%)	复利年化收益率(%)	总收益率(%)
2001年	1.0580	6.8345	1	7468	28.52	9.85	583.45
2002年	0.9999	5.4086	2	7228	22.26	8.90	440.86
2003年	2.2621	9.9821	6	6882	47.64	12.98	898.21
2004年	3.0913	11.5621	8	6522	59.11	14.68	1056.21
2005年	3.1368	10.0948	7	5388	61.61	16.95	909.48
2006年	2.2591	5.4194	27	5797	27.82	11.23	441.94

续表

年度	单位净值（元）	复权累计净值（元）	发行数（只）	平均运行时间（天）	年化收益率（%）	复利年化收益率（%）	总收益率（%）
均值	2.1345	8.2169	9	6547	40.23	12.46	721.69

截至时间：2022年9月28日

（2）每次行情见顶，基金火爆销售，单只基金销量超百亿元、千亿元之后，第二年基金销售迅速进入冰点。这也使大量基金散户成了市场高位的接盘侠、高估值的消化者、市场流动性的最终提供者。

（3）火爆之后基金买者寥寥。这导致大量投资者没有获得基金长期年化复利收益超过13%的惊人收益。虽然"分散播种，集中收获"策略简单，但绝大多数投资者并未使用这个策略分享到收益。

那么有没有破解基金发行市场周期规律的方法呢？从目前的形势看，要完全破解该周期是很困难的，但要缓解和相对熨平周期的波峰波谷还是可以有所作为的，可以从以下三个方面着手。

（1）打破各家基金销售排名。各商业机构在市场火爆时，为了排名甚至丧失了常识和简单的判断，市场高位一天的销售量可以抵上熊市时一年的销售量，这样巨大的诱惑令众多商业机构无法抵挡。

（2）投资者需要自我修炼。只要坚信资本市场永续存在，才可能坚持持续分散均衡配置A股市场。但是，过去二十年的历史证明，要做到这种简单的坚信却相当困难。2005年以来，多次出现熊市，投资者似乎看不到破解危机的办法，似乎A股只能跌跌不休。但是只要相信A股能永续存在，坚持"分散播种，集中收获"，会战胜多数投资者，这就是巨大的胜利，这也必将体现在今后的收益水平上。

（3）基金销售机构的考核机制要有所变化。无论是网上销售平台还是各家商业银行和基金销售公司，都把财富管理作为口号，但是考核上还是以手续费收入为硬性考核指标。如果把为投资者盈利作为一项硬性考核指标，那么销售机构就不会在牛市的时候火上浇油，而在熊市的时候掉头去做更容易赚钱的其他业务。监管机构应该将熊市中销售机构的销售量作为未来在牛市中允许其销售的配额。只有这样，才能一定程度上缓解基金销售市场剧烈的周期波动。

对投资者而言，打破基金发行周期规律对提高自身收益水平具有重大意义。即使在市场低迷时新发基金无人问津，我们也相信中国资本市场在未来相当长的可预见时期将永续存在，那么就可以坚持均衡分散配置买入。

五、5000点买入的基金被套，如何才能成功解套

很多投资者经常会问："我在上证指数5000点时买的基金如何才能够解套呢？"其实，2021年年初，很多投资者蜂拥而至买了明星基金经理管理的基金，2022年也基本套牢。此时投资者都很失望，本来买明星基金经理管理的产品，就是希望可以穿越"牛熊市"，赚取更好的收益，但明星基金经理的业绩表现也很一般。那么，面临被套的基金，我们应该如何操作呢？

（一）持有更长时间，等待市场回暖

前文分析过，资本市场赚钱的逻辑和其他市场是不太一样的，一旦

亏损，需要长时间的等待，等待下一轮牛市，把以前所有的亏损翻倍赚回来。

如果投资者是在牛市中途，甚至是阶段性顶部，比如2015年的上证指数5000点或者2007年的上证指数6000点时介入资本市场，肯定需要更长时间的等待。

那么，买入基金后持有多长时间，赚钱的概率较大呢？

根据统计数据显示，无论是权益类基金还是债券型基金，持有时间越长赚钱的概率越大，这一结论基本符合基金适合长期投资的认识。具体来看，如果持有权益类基金时间达到3年，赚钱的概率在80%以上。投资者也可以投资3年期封闭式基金，不用在意中途的波动，持有一个完整的产品周期，即使3年封闭期间经常有波动，最后到期时，往往3年期封闭式基金的业绩表现还是不错的。对于权益类基金而言，持有时间在3～5年，获取10%年化收益的概率最高。这是因为，A股市场行情转换通常以5年为一个周期。如果是债券型基金，一般持有时间超过2年，赚钱的概率接近100%。

（二）基金解套的最好方法：定投加仓

除了等待新的牛市来临，还有什么更好的方法可以解套基金吗？有。

有些投资者想到转换基金，其实，基金转换并不是一个很好的方法。因为，你觉得表现不好的基金，有可能在更换基金经理后业绩变好；你觉得表现不错的基金，有可能因规模太大而业绩表现平庸。因此，要想更快地解套基金，最好的方法就是用基金定投的方式继续加仓。我们不如再来做一道小学的算术题。

某只新基金发行时，小明买入了10000元的基金。此后，市场大跌，小明买的基金净值跌到了 0.8 元，小明咬咬牙又买入了 10000 元的基金，请问，小明买的这只新基金净值回到多少钱时，小明可以保本（不含认购赎回费等）？见图 6-3。

第一次
小明买了10000元的新基金
新基金的净值为1.00元

第二次
而后这只新基金的净值跌到0.80元
小明又买了10000元的基金

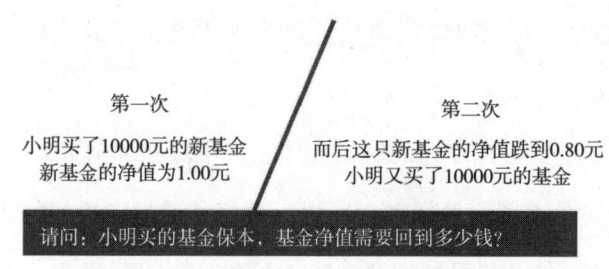

请问：小明买的基金保本，基金净值需要回到多少钱？

图6-3　小明分两次买入新基金摊低成本

答案是 0.88 元。也就是说，这只新基金只需要上涨 10%，小明的投资即可保本。如果不加仓，那么小明需要等基金净值从 0.8 元涨到 1.00 元，大概要上涨 30% 才能保本。见图 6-4。

答案：0.88 元

小明共花了20000元，持有22500份基金
基金只需要涨10%到0.88元，小明的投资即可保本

图6-4　小明加仓后保本只需上涨10%

由此可见，如果基金下跌，采取的最好的应对方式就是用定投的方式继续加仓。

大家还记得吗，前面我们还举过小明买红苹果的例子。如果把苹果换成基金，比如在上证指数 5000 点时买的基金，买入价 1 元，曾经最低跌到了 0.5 元。如果在首发的时候买了 10 万元的基金，能在 0.5 元继续加仓 10 万元，那么基金净值只需要涨到 0.667 元即可保本，从 0.5 元反弹到 0.667 元相对还是比较容易的。如果没有在底部加仓，即使净值回到 0.667 元，亏损还是超过 30%。

其实，很少有基金净值会跌到 0.5 元。比如在 2021 年年初市场高点

买入的基金，在2022年年初市场暴跌的时候，表现比较差的基金净值大概在0.8元，如1万元买的基金跌到0.8元，这个时候如果投资者能加仓，在0.8元再加仓1万元，则基金净值从0.8元再涨10%到0.88元左右就可以解套了。如果不在0.8元处加仓，则需要等基金净值从0.8元上涨30%左右才能解套。

需要提醒一下，在加仓的时候要注意，不能一下全买，因为我们无法判断什么时候是市场的最低点，所以，最好是通过定投的方式分批加仓，逐步摊薄成本，这才是最好的基金解套方法。

六、"分散播种，集中收获"助投资穿越"牛熊"

中国A股市场是全世界股票市场中波动较大的市场，广大投资者对A股系统风险难以把握。而公募基金具有较强战胜指数的能力，因此如何让普通的投资者有更好的投资体验，逐步认同和接受公募基金的投资理财方式，成为资产管理行业尤其是银行理财经理们面临的最重要的问题。

在过去几十年时间里，我国的经济总体而言处于相对高增长的阶段，除了少数年份，中国经济发展在全球一枝独秀。而中国A股市场的表现并未能很好地体现出中国经济的增长，比如很多投资者抱怨过去15年的时间里，上证指数一直在3000点左右。当然，指数一直在3000点有很多原因，在此我们不做进一步的分析。但是，我们需要看到，虽然上证指数在3000点徘徊，但并不意味着基金不赚钱。其实，在过去15年的时间，10倍收益率的基金比比皆是，如果投资者能坚持持有15年的时间，相信持有的很多基金收益率都将近10倍。所以，以此分析，公募基金的业绩表现其实更能体现中国的经济增长。那么，我们如何寻找到一套行之有效的基金投资方法，帮助投资者穿越"牛熊"呢？这便是"分散播种，集中收获"。

（一）"分散播种"新基金，进可攻退可守

为什么要"分散播种"新基金呢？难道"老基金"就不"香"吗？

很多投资者都会有这样的疑问。我们前面提到了，有些投资者不了解，根据基金合同规定，新基金有最长不超过6个月的建仓期，因此投资者借助新基金进入A股市场，尤其是很多新投资者，可有效回避短期的市场系统风险。很多投资者往往抱有不切实际的幻想，就是买入基金的时候就处于底部，而后基金开始一路上涨。事实证明，这只是投资者的美好幻想而已，大部分投资者在高点的位置买入基金。所以"分散播种"新基金的策略更优，由于新基金有6个月的建仓期，基金经理可以更加从容地建仓，抵御市场短期波动的风险，做到进可攻、退可守。

举一个例子：在2008年金融危机时，银华领先策略基金成立时，上证指数已经从6000多点跌到3000点，很多投资者觉得这已经是底，大举建仓抄底，可是未曾料到，市场竟然还会往下跌，直接从3000点跌到了1664点，几乎又跌去了一半，当时沪深300指数又往下跌了近40%，而这个时候成立的银华领先策略基金顶住了市场压力，并没有着急在3000点抄底，而是几乎保持空仓，而后在2000点左右开始非常从容地建仓布局，不仅躲过了市场近50%的回撤，而且在底部逆势布局，非常完美的一条净值走势曲线，一年之后净值涨了60%，让客户有很好的投资体验。见图6-5。

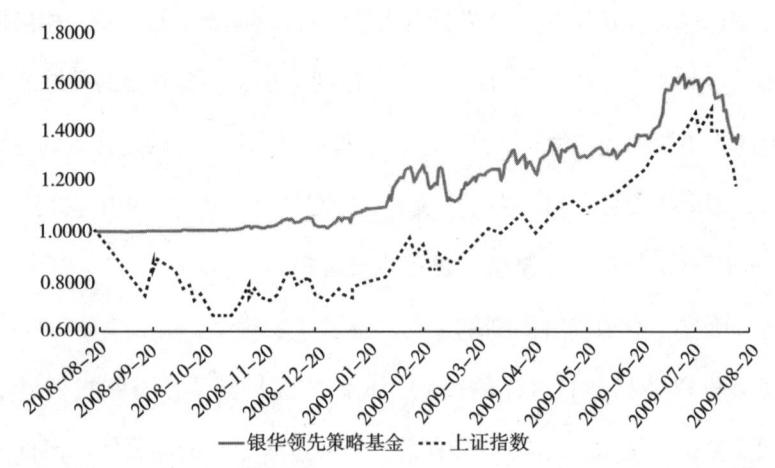

图6-5 银华领先策略基金业绩表现

数据来源：东方财富Choice。

而在牛市中，一旦基金经理觉得市场行情可期，则可加快建仓步伐，以在2021年3月成立的光大保德信新机遇基金为例，该基金在成立之时上证指数达3500多点，已逼近当时的相对高点位置，很多散户犹豫不决，对未来市场的走势难以把握，但是光大保德信新机遇基金的基金经理发挥专业理财优势，正确把握市场行情，在很短的时间内就提升了仓位，把握了当时市场热点主题，短短半年时间，净值上涨30%，使该基金充分分享了2021年新能源行业发展的果实。见图6-6。

（二）"集中收获"赎回基金，及时止盈落袋为安

除了要播种，收获也很重要。

有时候，金融行业的从业者调侃自己是"金融民工，靠天吃饭"，其实是有一定道理的。投资就像农民种地一样，需要看天观云识天气，而且到了合适的季节，要像"农忙"一样"抢收"。

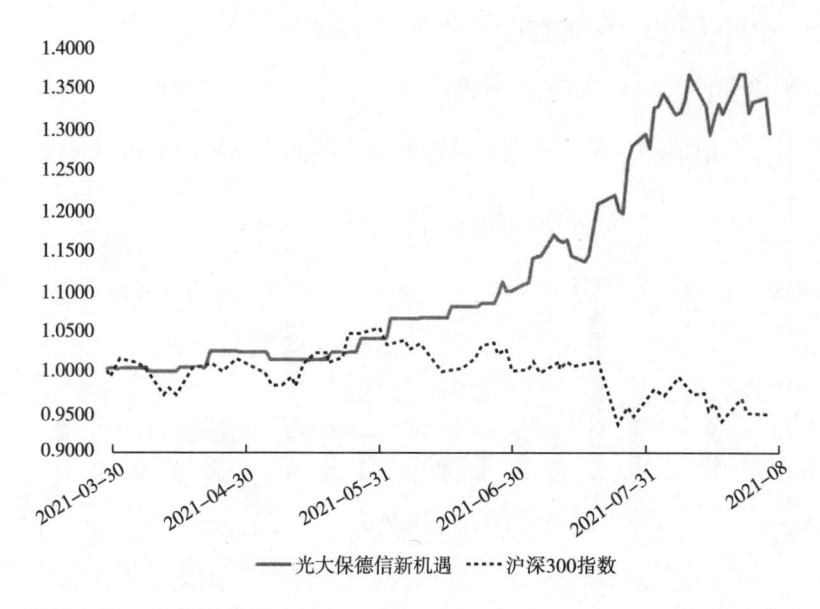

数据来源：东方财富Choice。

图6-6　光大保德信新机遇基金业绩表现

举个例子：以前银行理财经理给客户推荐基金像医生一样，望闻问切而后开药，针对投资者的不同情况推荐不同的基金投资组合。很多投资者觉得理财经理推荐基金像"卖产品"一样。其实并不是。更确切地说，理财经理是根据投资者的不同情况给出组合方案，推荐适合投资者的、解决投资者财务问题的"处方"，并且要后续跟进，看这些理财组合方案的"疗效"如何，能否解决投资者的财务问题。

因此，基金业务要改变以往"卖产品"的形象，变成"卖处方"，建立专业理财机构的形象。

根据对A股市场的规律特征研究，尤其在开放式基金诞生前十年期间，只要投资者每年平均认购中国建设银行当年新发偏股型基金，之后第二年4月1日集中赎回，也就是实行"分散播种，集中收获"投资方法，是能够获得不菲收益的。尤其2022年以来，不少基金投资者说亏损超过25%，此时，也可以采用"分散播种，集中收益"的策略。

为最大控制投资风险，"分散播种，集中收获"策略效果又如何？不妨看看"分散播种，集中收获"策略在固定时间点的赎回表现。见图6-7。

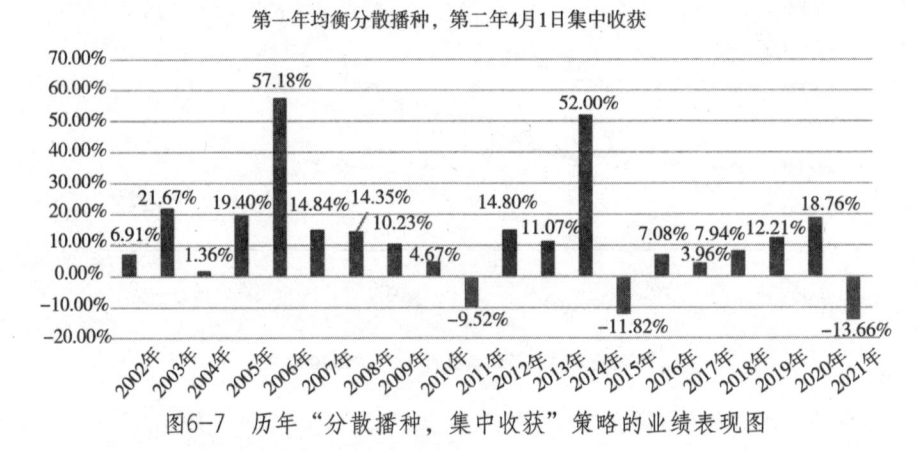

第一年均衡分散播种，第二年4月1日集中收获

年份	收益率
2002年	6.91%
2003年	21.67%
2004年	1.36%
2005年	19.40%
2006年	57.18%
2007年	14.84%
2008年	14.35%
2009年	10.23%
2010年	4.67%
2011年	-9.52%
2012年	14.80%
2013年	11.07%
2014年	52.00%
2015年	-11.82%
2016年	7.08%
2017年	3.96%
2018年	7.94%
2019年	12.21%
2020年	18.76%
2021年	-13.66%

图6-7 历年"分散播种，集中收获"策略的业绩表现图

从图6-7可以总结出以下几个要点：

（1）自2001年开放式基金诞生以来，基金已经走过完整二十个会计年度。每年均衡在中国建设银行买入基金，第二年4月1日集中赎回，20个投资样本中，亏钱的年份3个，亏损概率15%。

（2）2021年均衡"分散播种"新发基金，到2022年4月1日，平均亏损了13.66%，是该策略历年以来亏损最大的一次。对此，新发基金的基金经理、银行理财经理和投资者都要进行反思。虽然平均亏损了13.66%，要回本却相对容易，如果亏损幅度超过25%，则回本难度要大一倍以上。其主要原因是2021年年初的消费类基金经理无视消费股的高估值，冒进快速建仓而导致巨幅亏损，年中发行的医药类基金在下半年再遭重创。这两类基金净值基本在0.6元左右，是严重拖累2021年新发基金净值表现的重要原因。

（3）从历史上看，"分散播种，集中收获"策略从未连续两年出现亏损。尤其在 2008 年、2018 年两年单边下跌的市场中，该策略第二年均获取不错的正收益。可见，在单边下跌的行情中，"分散播种"赚钱的概率会更大。

（4）过去二十年，"分散播种，集中收获"策略平均每年收益率为 12.17%，仍高于市场一般理财产品平均水平。

总而言之，A 股的市场波动很大，投资者如果想在这样高波动的 A 股市场赚钱，选对投资方法是非常重要的，而通过多年投资实践所证明的"分散播种，集中收获"是比较适合普通投资者的一种简单有效的投资方法。正所谓"赚钱的方法都一样，但亏钱却各有各的亏法"，投资方法不求多，但一定要简单、实用、有效，建议各位投资者试试"分散播种，集中收获"的方法。

第七章
普通人如何做好家庭财富管理规划

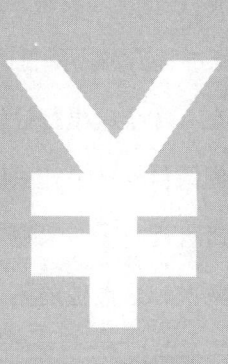

一、家庭财富管理的风险和重要性

所谓家庭财富管理，就是管理好家庭的财富，这对我们每个人都非常重要，这是为什么？改革开放之后，经济迅速发展，社会积累了大量的财富，即使是普通家庭也有些资金需要进行投资管理，而且，随时社会经济的不断发展，住房、看病、育儿和养老等，都需要靠个人的努力来解决，此时，家庭的财富管理就显得尤为重要了。

家庭财富管理的总体目标可以概括为一句话：让家庭的生活水平逐步提升，至少不降低家庭生活水准。

那么，什么是家庭的生活水准提升和不降低呢？

举个例子：你们家每年都有一次全家出行计划，住比较好的酒店，行程安排得也比较舒服。财富管理的目标就是让家庭的这种生活水平至少不降低还要不断提升。比如，财富管理好了，家庭的资产升值了，每年的全家出行计划由之前的一次变成两次，之前住的是四星级酒店，将来可以住五星级，这就是家庭生活水平的不断提升，而不是降低。

每个人都想提升生活水准，大家肯定要问，如何才能实现家庭财富管理目标？先别急，在做好财富管理规划之前，我们需要注意如下几点：

（一）你不理财，财不理你

有一位朋友的说法令人印象非常深刻，我们所能赚的钱，都在自己的认知范围之内，你很难赚到认知范围之外的钱。

这句话很有道理。无数实践证明，很多投资者靠运气赚来的钱，最后一定会因欠缺实力亏掉。很多人不知道，他们赚到的钱是因为运气而不是因为实力。

投资理财一定要有认知上的改变，你要想对自己的财富进行管理规划，最好是和专业人士沟通交流，或者去学习投资理财的方法等。

只有改变认知，才有可能做好财富管理规划。当然，学费还是要交的，不是说有了认知之后，立刻就能赚钱。你要先想一想如何把自己的财富管理规划做好，再迈开第一步。总的来说，你不理财，财不理你。

（二）控制风险放首位，合规渠道有保障

家庭财富管理不能过于着急，一夜暴富的想法是不可取的。所谓"君子爱财，取之有道"，在设定合理家庭财富管理目标的同时，也要注意控制风险。在国内，投资理财的有效渠道并不是太多，可以选择的投资标的也有限。过去几年，有很多打着"高收益"旗号的投资理财骗局，使多少老百姓的血汗钱打水漂儿了，所以，家庭财富管理应该把控制风险放在第一位。

那么，怎么才能更好地控制风险呢？

非常简单，尽量找专业的机构和人士咨询。在国内，银行尤其是国有大行有超级信用背书，而且在国有大行上线的产品大多经过总行各种严格的风控措施筛选过的。银行对代理的产品有非常严格内部审核流程和各种风险尽调，应该说，能进入银行代理的产品，其风险和收益相对是匹配的。

因此，投资理财的第一步就是控制风险，而控制风险最简单的方法，就是找专业的机构和人员咨询，获得投资建议。

(三)人生的不同阶段设置不同的理财目标

在人生的不同阶段,应该设置不同的财富管理目标。一般可以将人的一生分为四个阶段,每个阶段对应不同的财务规划和人生目标。

第一个阶段:23岁之前

一般情况下,23岁左右大学毕业,这个阶段的人生目标是发育成长,学习知识,培养理财习惯。经济来源主要是父母提供,没有多少财务可以规划,最多就是存些零花钱。但是也有少数人,在大学期间,甚至高中阶段,能够挣零花钱,还能用零钱罐存点钱,这是理财的启蒙阶段。好的理财习惯需要从小开始培养,这也是为什么近年来少儿财商教育受到重视的原因。

这个阶段的理财目标就是熟悉了解各种金融投资产品,为将来的投资理财做好准备。

第二个阶段:24~40岁

这个阶段,我们开始走向社会,进行就业或创业。人生目标是结婚生子、买房购车、准备子女教育金、赡养父母等。这个阶段,我们的人生目标非常多,各项开支也相当大,同时面临事业刚起步,收入少,积蓄少甚至零积蓄等情况,所以这个阶段需要开始做家庭理财规划。

这个阶段的理财目标就是除了工资,家庭财富积累至少要跑赢通货膨胀。经过前期金融知识的积累之后,这个阶段就进入投资理财的实践。

第三个阶段:41~60岁

这个区间是退休前的阶段。通常来说,大部分人事业稳定,收入稳步升高,子女渐渐长大,各种贷款结清,压力减小,处于人生高峰期。从财务上讲,开始从负债转向盈余,逐步积累财富。

这个阶段不再适合参与一些风险较高的投资,要力求资产的保值增值，同时为退休养老做好准备，如参加个人养老金计划等投资理财规划。

第四个阶段：60 岁之后

这个阶段，大部分人基本已退休了，也就没有了工作收入，只能依靠非工作收入，但是人生还要继续。此时，以前做财富管理规划的作用就显现出来了，如果提早做好财富管理规划，这个时候，依靠投资收益，我们就可以安享晚年生活。

经过打拼努力及财富管理规划，这个阶段的理财目标就是要保证一定的现金流，过上优雅的晚年生活。

二、如何把握未来个人投资理财的主旋律

每一个人都是时代洪流中一个很小的个体，很多人的财富积累其实都是享受了时代的红利，而非个人有多强的能力，正所谓"顺势而为"。但是，很多人没有认识到这一点，总把赚钱归因到自己的能力，而亏钱就埋怨别人，这是相当危险的。如果你认识不到财富的积累其实是时代红利，那么，你靠运气赚来的钱一定会因实力亏掉。如果无法认清大势，在时代发展的洪流中，一定会被淘汰出局。

相反，如果能认清楚大势，明白时代的主旋律是什么，或许你无法大富大贵，但做好家庭的财富管理，过上衣食无忧的生活还是比较轻松的。

换句话说，做家庭财富管理时，我们必须认清楚时代发展和投资理财的主旋律，只有把握大势，紧跟主旋律，才能保证我们的财富不缩水，甚

至增值。而投资理财的主旋律是不断变化的,下面,我们一起来回顾一下改革开放以来,投资理财主旋律的变化以及未来趋势。

(一) 20世纪90年代,存款和分红险是投资主流

1993年,经济发展过热,通货膨胀率高达两位数,市场融资利率达到了20%～30%,为配合国家整顿金融市场秩序和抑制经济过热的现象,当时银行3～5年定期存款的利率13%加上7%的保值贴补息,年收益约20%。可是,即便存款利率如此之高,当时进行3年和5年定期存款的储户却寥寥无几,投资者被当时的高通货膨胀率弄得心神不定,无法作出正确的投资决策。

这种储蓄存款投资回报率高达20%的状况持续不到两年,个人投资理财的热点又开始转换。1995～1998年,各家保险公司出于争夺市场份额和对当时经济形势的判断,纷纷推出分红型理财保险,固定回报率在25%左右,虽然保险公司对此项保险理财的投资运作没有达到预期的效果,但最终这些理财人员获取了20%以上的投资收益。

在经济运行过程中,总会不断出现新的问题,衍生出新的投资热点。从1997年开始,股票市场的融资功能发挥得淋漓尽致。为确保各种融资项目的顺利完成,也为了确保新股和增发股票能顺利发行,资本市场一级申购的年回报率基本上在20%以上,这种状态持续时间较长,主要是上市公司和机构财团的利益得以保障。随着资本市场的市场化进程加快,一级市场回报稳定的现象再也无法满足资本市场健康发展的需要,一级市场的风险开始逐步显现。而随着1998年"房改"的开始,投资理财的主旋律开始变成房地产投资了。

(二) 2000年开始,房地产投资成为主流

随着城镇化进程的推进,房地产业进入了发展的快车道,并且房地

产投资开始成为投资理财的主旋律。在过去20年的时间里，房地产投资成为投资理财的主角。房地产的快速发展，不仅让很多投资者收益颇多，与房地产投资相关的产业和金融产品也得到了快速发展，比如房地产信托等。

随着"房住不炒"的理念深入人心，以及我国人口出生率的不断下降，依靠房地产投资已走不通，而新的投资热点和理财主旋律准备登场了。

（三）公募基金是未来的投资主旋律

其实，公募基金作为投资理财的准主角，或者叫替补主角，已于2001年就开始了。自2001年开放式基金面世以来，截至2020年年底，偏股型基金的平均投资回报率在15%左右，而债券基金的平均回报率也有8%左右，这个收益率其实是非常高的。

但是，由于开放式基金的投资回报并不是稳定地每年递增，中间可能会有大幅波动，长期持有才有可能获取比较好的回报，加上很多投资者无法像持有房地产那样持有开放式基金，往往在亏损的时候赎回，所以造成了"基金赚钱，基民亏钱"的现象，也让公募基金的名头没有那么响亮。

随着投资者投资经验的不断增加，尤其最近几年的市场波动给很多投资者上了一堂生动的投资教育课，买入并长期持有公募基金也慢慢被更多的投资者接受。

可以说，公募基金正迎来发展的大好时代，并将成为未来投资理财的主旋律。

三、家庭投资理财要从娃娃抓起

如今,城市里的年轻人不仅要为自己的理想而奋斗,也要为下一代有更美好的未来而打拼。都市的年轻人都会有一种想法:除了工资收入,有没有一种理财方式能让下一代更好地面对生活?

答案是肯定的。不过,理财并非只是大人的事情,现在,越来越多的人认识到,家庭投资理财要从娃娃抓起。

(一)家庭投资理财要从娃娃抓起

很多家长都认为孩子手里不能有钱,因为孩子会乱花,不懂得节约,而且孩子不会合理地使用金钱。因为这种成见,绝大部分家长都不懂得该如何培育孩子的财商思维。财商不仅能够提升孩子的生活质量,还能让孩子拥有理财思维。

随着经济的发展,很多家庭积累了一定的财富,很多小朋友从小就有不少的零花钱,有些小朋友逢年过节也能收到很多的压岁钱,从长远来看,我们不能再用以前的思维来看待孩子,而是应该转变观念,从小培养孩子的财商思维。

1. 让孩子树立正确的金钱观

家长要让孩子学会自给自足,这是非常重要的。自给自足并不是指孩子的所有消费都由他们自己承担,而是按照孩子的年龄来制订相应的方案。比如，孩子在上学的时候，能自己的事情自己做，培养独立动手的能力。

随着年龄增长，慢慢地让他们用自己的钱去购买自己喜欢的东西。要让他们明白，只有自己足够努力，才能得到自己喜欢的东西，而不是依赖父母的帮助。

2. 让孩子懂得理财和储蓄

当今社会，出现了越来越多的"月光族"，他们将每个月赚的钱都用于消费，不攒钱也不理财，这样很容易陷入经济紧张的状况。为了规避这种情况，父母应该在孩子很小的时候就引导孩子储蓄，培养理财思维。具体来说，可以让孩子学习一些理财小知识，父母也可以帮助孩子进行理财，慢慢地教孩子，引导孩子树立理财意识。

3. 不"炫富"

古话说，财不外露。实力不是炫耀出来的，低调才能更好地保存自己的实力。因此，在日常生活中，如果发现孩子总是炫耀自己的东西有多么昂贵，家长就要及时制止，告诉孩子一针一线来之不易，"炫富"只能让孩子盲目崇拜金钱，这一点大家要熟记。

（二）巴菲特的成长经历：从小学就开始投资

沃伦·巴菲特是全球闻名的投资大师和大名鼎鼎的股神，他出生于1930年。父亲是一名普通的证券公司职工，母亲则是一名家庭主妇。虽然做着繁杂的家务活，但这位妈妈有着惊人的数字头脑。耳濡目染下，巴菲特对数字非常敏感，并且表现出对赚钱的强烈追求。

5岁时，年幼的巴菲特就开始挨家挨户推销口香糖。他第一次赚钱是在6岁的时候，看着周围的同学心满意足地喝着可乐，这个小男孩想到了一个赚钱的好办法。他从地上捡起别人丢弃的瓶盖，将它们分类，以此找出哪个牌子的汽水卖得更快。之后，这个年仅6岁的孩子便开始从杂货铺进货，然后在附近兜售。通过这种方式，巴菲特赚到了人生的第一桶金。

10岁那年，巴菲特在父亲的影响下购买了人生的第一只股票，没想到居然赚了5美元。从那以后，这个男孩就开始阅读有关股票的书籍，积极学习基础知识。随着年龄的增长，他对股票市场的兴趣越来越浓厚，甚至还能将股票价格的升降图表准确画出来。没事的时候，他会去父亲的办公室帮忙，处理一些股票及债券相关的琐事，办公室的同事们纷纷感慨"这是一个赚钱小天才"。

1947年，17岁的巴菲特从高中毕业。这时候，他已经成为一个小富豪。他之前的股票研究虽然只是入门，但已经为他赚了6000美元的财富，比老师的薪水还要高。

巴菲特从小就开始投资，既锻炼了他很强的学习能力，也让他更早地参与到资本市场的投资，积累了丰富的投资经验。正如我们在选择基金经理的时候，往往非常看重基金经理是否经历过"牛熊市"的洗礼，有过市场历练的基金经理才更值得信赖。

如果能让小朋友适度参与一些投资，比如基金定投，可以让孩子了解赚钱的乐趣。毕竟，现在很多基金定投的起点门槛只有10元而已，小朋友的压岁钱都可以进行投资，这样一方面可以帮助他们管理自己的零花钱，另一方面也可以锻炼他们的投资能力，提高他们的财商思维。

四、家里富不富，财富积累"全靠主妇"

古人云："国难思良将，家贫思良妻。"可见女主人对家庭经济管理的重要性。如何管理好一家老小的柴米油盐、吃喝拉撒，如何量入为出、精打细算和以丰补歉等，都考验家庭女主人的统筹协调能力和财务管理能力。

现代社会对女性的理财要求已经不仅停留在柴米油盐酱醋茶等日常生活上了，而是需要对利用闲余资金理财、如何安排负债等重大家庭财务安排进行精打细算。

为什么说"家里富不富，全靠主妇"？

对一个普通家庭来说，男人积极开拓事业，而家庭财富的经营则主要靠家庭的女主人。

如果女主人不能科学地把握各种投资收益和风险，而是进行激进的投资，那么一个家庭的财富很可能会因为一次重大的投资失误而毁于一旦。相反，如果女主人采取保守策略，如只是简单储蓄的方法，那么家庭的财富积累往往经不住通货膨胀的侵蚀。

一个会理财的女主人需要权衡风险和收益，既需要有进取之心，敢于做决策，又要兼顾平衡，在大后方做好各种协调和支援保障工作。如此一来，一个家庭才有可能实现财富自由。更重要的是，无数实例和数据表明，女人投资理财的能力往往比男人更胜一筹。

（一）家庭理财，大多数是女人"说了算"

随着社会的发展和文明的进步，女人在经济生活中正起到越来越重要的作用。根据蚂蚁金服2015年公布的数据显示❶，2014年，通过支付宝钱包缴纳水电燃气费的女性用户数、缴费笔数与男性用户持平。数据还显示，女性用户通过支付宝钱包还信用卡的笔数占比达到了47.3%，支付宝钱包的活跃用户数为1.9亿个，女性用户占48.6%。这也意味着，在一个家庭的经济生活中，女人的地位已经逐渐和男人持平。

报告显示，不仅大部分家庭的"财权"由女性主管，家庭理财也主要是女性"说了算"。

据蚂蚁金服披露的数据显示，2014年，通过支付宝钱包把钱存入余额宝的女性用户数占总用户数的47.9%；她们存入的金额占国内最大规模的货币基金——余额宝总规模的46.6%。而在浙江省舟山市、黑龙江省大庆市和牡丹江市三地的女性，通过手机存入余额宝的金额比男性高出25%以上，位居全国前三名。

除了零钱理财，女性对于一些长期理财产品也颇为青睐。其实，在银行端也是如此，前来购买银行理财产品的客户大部分都是女性。

（二）投资基金，女性赚钱能力更胜一筹

从投资理财和赚钱的能力而言，女性似乎更胜一筹。根据富国基金等三家金牛基金管理公司携手中国证券报在2021年10月共同发布的《公募权益类基金投资者盈利洞察报告》显示，女性赚钱能力好于男性，老人赚钱能力好于年轻人，机构赚钱能力好于个人。

---

❶ 金融界，既是"女神"也是"女汉子"家庭理财大多女人"说了算"。

数据显示，截至 2021 年 3 月 31 日，女性投资者平均收益率高出男性 1.57 个百分点。女性在投资上更舍得投入，平均投入 26711 元，比男性高出 1500 元，而且女性投资者比男性的平均交易频率更低；从年龄来看，30 岁以下投资者平均收益率不到 3%，盈利人数占比不到 50%，60 岁以上投资者平均收益率达到 19.05%，盈利人数占比达 60.42%；机构客户的盈利户数占比高出个人客户近 5 个百分点，平均收益率则超越个人客户 2.35 个百分点。见图 7-1。

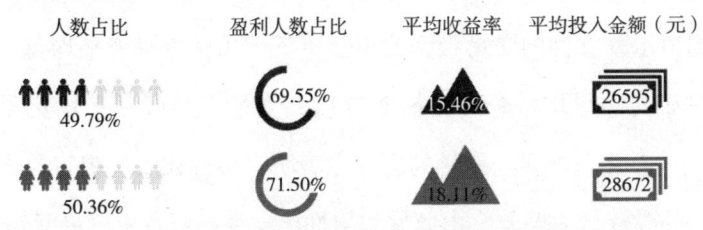

人数占比	盈利人数占比	平均收益率	平均投入金额（元）
49.79%	69.55%	15.46%	26595
50.36%	71.50%	18.11%	28672

（a）截至2020年年末男性客户与女性客户的平均收益情况对比

数据来源：景顺长城基金、富国基金、交银施罗德基金，统计区间为公司成立以来至 2020 年 12 月 31 日。平均收益率为客户收益率的简单算术平均。

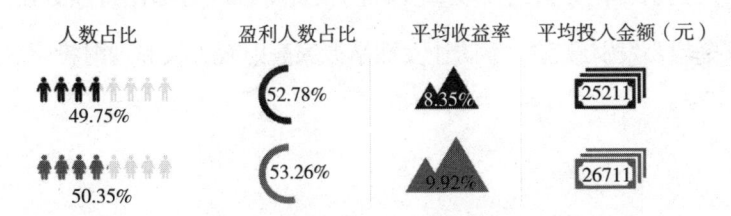

人数占比	盈利人数占比	平均收益率	平均投入金额（元）
49.75%	52.78%	8.35%	25211
50.35%	53.26%	9.92%	26711

（b）截至2021年一季度末男性客户与女性客户的平均收益情况对比

数据来源：景顺长城基金、富国基金、交银施罗德基金，统计区间为公司成立以来至 2021 年 3 月 31 日。平均收益率为客户收益率的简单算术平均。

平均交易频率/月3.08　　　平均交易频率/月2.57

（c）截至2021年一季度末男性客户和女性客户平均每月交易频率

数据来源：景顺长城基金、富国基金，统计区间为公司成立以来至 2021 年 3 月 31 日。注：单客户交易频率数据计算公式为总买卖基金次数/（最后一次买卖日期－首次买入日期）×365/12。

图7-1　男性/女性投资者收益及交易情况对比图

大家好奇的是：为什么女性的赚钱能力比男性强呢？

前述报告显示，持仓时长、交易频率对于基金收益有重要的影响。数据统计显示，当基民持仓时长小于3个月时，基民平均收益率为负，盈利人数占比为39.10%；当基民持仓时长为3～6个月时，盈利人数占比提升至63.72%，平均收益率由负转正，达5.75%；持仓时长达6～12个月时，盈利人数占比72.54%，平均收益率达到10.94%。若基民平均每月买卖行为不足1次，盈利人数占比达55.14%，平均收益率为18.03%；若每月买卖次数达到3次以上，盈利人数占比不足45%，收益率水平也随之下降。

数据显示，女性的交易频率比男性更低，男性投资者平均每个月交易3.08次，而女性平均每个月交易2.57次，女性交易频率平均比男性低了20%左右。而且，行为金融学的研究也表明，男性比女性更容易出现"过度自信"的投资行为偏差，由此导致男性比女性投资者更容易亏钱。

由此可见，"家庭富不富，全靠主妇"这句话是很有道理的，无论从实践投资还是从理论分析的角度，女性的投资赚钱能力都比男性更强。所以，一个家庭想要发财致富，不妨让女性掌握家庭财政大权和理财投资决策！

五、大学毕业后的10年如何赚到100万元

2021年，《中国青年报》发布的一项调查数据显示，近70%的"00后"认为，毕业后会成为年入百万元的精英人士。而麦可思研究院发布的《2021年中国本科生就业报告》显示，2020年毕业的本科生中，只有4.3%能够月收入超过万元，一半应届生月工资在4000～5000元，10个人中就

有1个人工资不到3000元。

梦想很"丰满",可是现实很"骨感"。

很多人觉得,年轻人初生牛犊不怕虎,不知道赚钱究竟有多难。也有很多人认为,"梦想总是要有的,万一有一天实现了呢?"那么,我们来看看,如果年赚百万元,大概是一个什么样的收入水平,然后我们再来探讨,大学毕业后的10年如何赚到100万元。

(一)赚到100万元是什么样的水平

首先,从全球角度来看,全球大概有60亿~70亿人,如果你一年能赚到100万元人民币,大概在全球排多少位呢?曾经有人做了一个网站,在这个网站上,你只要选择自己的国家,然后输入你目前的一年收入所得,系统就自动算出来你排在全球前多少名。有人还真的做过这样的推算,一个年收入100万元的人,大概排在全球200万名。

200万这个数字听起来很多,但不要忘了全球有六七十亿人口,也就是说,如果你一年能挣100万元,妥妥地是前万分之三中的一员。

2020年前后,我国一年赚100万元以上的人数约70万,占全球的1/3,按全体人口比例来看,大概是万分之五。也就是说,每1万个中国人里,大概有5个人一年能赚到100万元人民币。

所以,要想赚到100万元其实难度很高。梦想总是有要的。尤其在中国经济快速发展的今天,年轻人有更多的机会去实现自己的梦想,这个时代也给予人们更多的机会去创造财富。在今天,刚毕业的大学生想要年赚百万元是很难实现的,但是想要在毕业后的10年内赚到100万元并不是遥不可及的梦想。

(二)大学毕业后的10年内如何赚到100万元

如何在大学毕业后的10年内赚到人生的第一个100万元呢?过去,

$ 分散播种，集中收获：基金专家手把手教你做投资

很多人可能想都不敢想的梦想，今天是可以通过投资理财来实现的。

过去几十年里，大学毕业生需要多久时间才能赚到人生的第一个100万元？

20世纪90年代末的大学毕业生，一般月薪从几百元到千元不等，除了到知名外资企业工作有几千元的月收入，大学毕业生仅靠工资和储蓄要赚到100万元无异于痴人说梦！

于是乎，怀抱百万富翁梦想的人前仆后继，拿着辛苦工作赚的钱进入股市，其中少数人成功了，大多数人则血本无归。换句话说，过去的大学生毕业后要赚到100万元，没有几十年的努力是很难做到的。

2001年，国内诞生了第一只开放式基金，情况开始发生了积极变化。接下来我们来看看，通过分散播种的方式，投资基金进行理财，能否在10年赚到人生的第一个100万元？

1. 投资基金赚到百万元的3种情形

（1）2001～2007年，历时7年实现100万元收入的梦想。见表7-1。

表7-1　2001～2007年分散播种投资收益表

						平均认购成本为面值1元
年度	单位净值（元）	复权累计净值（元）	平均运行时间（天）	年化收益（%）	复利年化收益（%）	总收益（%）
2001年	2.292	5.6198	2086	80.84	35.26	461.98
2002年	1.1243	5.9277	1846	97.46	42.19	492.77
2003年	1.6656	5.0995	1500	99.79	48.67	409.95
2004年	3.0962	6.0806	1140	162.74	78.28	508.06
2005年	2.877	5.6472	679	249.81	153.60	464.72
2006年	2.1644	3.0276	415	178.15	164.68	202.76
2007年	1.4138	1.5994	143	153.42	232.69	59.94
均值	2.0905	4.7145	1115	121.56	66.10	371.45

截至时间：2007年10月16日

（2）2005～2015年，历时10年实现100万元收入的梦想。见表7-2。

表7-2 2005～2015年分散播种投资收益表

平均认购成本为面值1元

年度	单位净值（元）	复权累计净值（元）	平均运行时间（天）	年化收益（%）	复利年化收益（%）	总收益（%）
2005年	3.5363	10.7616	3091	115.29	32.39	976.16
2006年	2.7605	5.0668	3171	46.81	20.53	406.68
2007年	1.9514	2.7217	2623	23.96	14.95	172.17
2008年	3.1413	4.0802	2490	45.15	22.89	308.02
2009年	2.2867	2.5119	2170	25.43	16.76	151.19
2010年	2.2995	2.3525	1782	27.71	19.16	135.25
2011年	2.3564	2.5368	1436	39.06	26.70	153.68
2012年	2.9691	3.1722	1095	72.44	46.96	217.22
2013年	2.3598	2.4791	647	83.44	66.89	147.91
2014年	2.2339	2.3609	343	144.94	149.66	136.09
2015年	1.2873	1.2886	69	153.60	285.55	28.86
均值	2.4711	3.5757	1720	54.67	31.06	257.57

截至时间：2015年6月12日

（3）2011～2020年，历时10年实现100万元收入的梦想。见表7-3。

表7-3 2011～2020年分散播种投资收益表

平均认购成本为面值1元

年度	单位净值（元）	复权累计净值（元）	平均运行时间（天）	年化收益（%）	复利年化收益（%）	总收益（%）
2011年	2.9812	3.6646	3474	28.00	14.62	266.46
2012年	3.7502	5.0901	3133	47.66	20.88	409.01
2013年	3.6936	4.3987	2588	47.94	23.23	339.87
2014年	3.0359	3.3534	2381	36.08	20.38	235.34
2015年	1.9637	2.025	2044	18.30	13.43	102.50
2016年	2.154	2.2135	1634	27.11	19.42	121.35
2017年	2.0718	2.09	1290	30.85	23.20	109.00
2018年	2.0294	2.0665	1004	38.79	30.22	106.65
2019年	1.9293	1.9523	587	59.21	51.59	95.23

续表

年度	单位净值（元）	复权累计净值（元）	平均运行时间（天）	年化收益（%）	复利年化收益（%）	总收益（%）
2020年	1.3601	1.363	225	59.00	65.00	36.30
均值	2.4969	2.8217	1836	36.22	22.91	182.17

截至时间：2021年2月10日

从以上三种情况看，采取"分散播种"的方式投资公募基金，并持有一定的投资年限，是可以实现100万元收入的梦想的。

2. 每个月投资2000多元，可以实现100万元的梦想

从2001～2020年的20年时间里，如果通过"分散播种，长期持有"的策略，买入中国建设银行推荐的新发基金，那么有三次机会可以赚取人生第一个100万元。见表7-4。

表7-4 每月投入2000多元，可以实现百万富翁梦想

过去20年基金赚取100万元的情景

时间区间	时间长度（年）	期间最高平均净值（元）	百万市值需投入本金（万元）	每年投入本金（万元）	每月投入本金（元）
2001～2007年	7	4.7145	21.21	3.03	2525
2005～2015年	11	3.5757	27.97	2.54	2118
2011～2020年	10	2.8217	35.43	3.54	2963

由此可见，在投资机会远比过去多的今天，10年赚到100万元并不是遥不可及的事情。在过去的20年中，只要每月坚持结余2000多元，学会投资基金，只需10年左右，即可赚到人生的第一个100万元。

当然，在投资过程中，肯定要经历资本市场的剧烈波动起伏，以及账上资产的浮盈浮亏，但是承担一定的风险进行投资还是值得的。数据已经证明，分散买入新发偏股基金，普通人也有机会成为百万富翁。

六、如何做到"家有现金奶牛,一生衣食无忧"

前面我们从不同角度分析了家庭财富管理规划的重要性及如何实现家庭的财富梦想。现在,我们从"现金流"的角度来谈一谈如何统筹家庭财务规划,让家庭有源源不断的现金流进入,有固定资产又有现金流才是真正的财富自由和健康的家庭财务规划。

(一)什么是家庭的现金流

现金流是一个非常重要的会计学概念,一般是针对企业而言的,是指某一段时间内企业现金流入和流出的数量。比如,企业销售商品、提供劳务、出售固定资产、向银行借款等都会获得现金,形成现金流入;购买原料、支付工资、构建固定资产、对外投资、偿还债务等都需要支付现金,从而形成企业的现金流出。通常来说,企业现金流又可分为经营性现金流、投资活动产生的现金流、筹资活动产生的现金流三大主要部分。

虽然现金流一般指企业的现金流,但是,我们也可以用现金流来分析家庭的财务规划。其实,一个家庭可以看作一个微观的企业个体,也会面临各种收入和支出,因此,家庭的现金流就是一个家庭的现金收入和流出的数量。

举个例子,某个家庭每月夫妻工资收入是2万元,而支出包括房贷、家庭日常、孩子教育、老人赡养等费用共1.8万元,则这个家庭每个月还可以盈余现金 2000 元。

整体而言，这个家庭的现金流是比较健康的。但是，在日常生活中，也有很多经常"入不敷出"的家庭，每个月还要找其他人或者通过信用卡等方式借钱来应付支出，此时，这种家庭即使有很多套房，但现金流并不健康。

如果现金流不健康，经常处于"入不敷出"的状态，对企业而言可能存在破产的风险，对家庭而言，可能存在过度负债的风险。

（二）为什么现金流如此重要

现金流为什么如此重要？如果企业的现金流不健康，即使企业再大，也会面临着潜在的破产风险。

对家庭而言，现金流也是非常重要的。比如，一个人拥有好几套房，账面资产可能有几千万元，但是现金流很差，他每个月要支付房贷和水电费，这些费用不能用房子去支付呀，一旦现金流紧张，他的房子可能会被债主拿走。

由此可见现金流的重要性。事实上，现金流如同一个人的血液，即使一个人很强壮，如果失血过多也会面临生命危险。所以，家庭的财务管理规划并不是看资产总价值就行，还要合理地做好资产配置，确保家庭有稳定的现金流。

（三）如何实现"家有现金奶牛，一生衣食无忧"

那么，如何做才能实现健康的财务规划呢？

这就需要我们在做投资的时候，必须考虑一个关键问题：哪些投资是可以产生正的现金流，哪些投资会产生负的现金流？很多时候，我们以为自己投资买入了资产，一定会产生正的现金流，现实情况可能完全相反，你眼中的资产可能都是负债，并且会产生负的现金流。

举个大家常见的例子：大家不妨想想，买一辆车对家庭而言是资产还是负债？

很多人觉得："车是我买的，当然算我的家庭资产了。"

其实，这个理解是错的。仔细想想，就算车是全款买的，但是每个月养车的费用一般需要1000～3000元，也就是说，一辆车每个月需要消耗你的现金流1000～3000元。另外，将来转手卖车时，这辆车会涨价吗？当然不会，与其他产品不同，自从你把车开回家的那一刻起，这辆车的价格就开始下跌了。买过车的人都知道，二手车的价格是不断降低的。

所以，从现金流的角度而言，车其实不是资产，而是负债，会消耗你大量的现金流。

那么，房子呢？是资产还是负债？

房子的情况有点复杂，如果你所在的区域，房价未来是会上涨的，而且你有能力支付每个月的房贷，那可以算资产。反之，如果你买的房子价格是横盘或者下跌，你还要背负房贷，此时，房子就是负债。

明白这个概念之后，就可以更好地规划家庭资产配置了，总的原则是：多买可以产生正现金流的资产，少买会产生负现金流的负债。

从现金流的角度而言，基金是可以产生正现金流的资产，因为基金经常会有分红，而且，如果持有更长时间，基金的投资收益还是不错的，即基金资产是不断增加的。

值得一提的是，在家庭资产配置中，做投资尽量是在力所能及的范围内。在风险可承受的基础上，可以提升公募基金的配置权重，享受基金净值上涨所带来的收益，从而真正做到"家有现金奶牛，一生衣食无忧"！

第八章
做好银行服务是更高的社会价值体现

一、建议从事金融行业的第一份工作是去银行

2022年的大学毕业生超过1000万人,就业的压力很大,当然也有一些优秀的同学手握几份工作计划机会,却不知道该去哪里,但这毕竟属于少数。而每年的毕业季,很多银行也会进行校园招聘,希望更多优秀的大学生到银行工作。

我大学毕业之后就到银行上班,至今已经快30年了,有时候我也会回学校和老师同学们交流投资理财、银行工作等话题。接下来就和大家聊一聊在银行工作的体验,以及为什么建议想从事金融行业的大学生先到银行上班体验一下。

（一）在银行上班究竟是怎样一种体验

当前,很多银行员工觉得工作压力大,其实现在哪个行业的工作压力不大呢?尤其是最近几年,大多数行业的日子都不好过。银行是金融行业,受到的影响还算比较小的,甚至部分细分行业还得到了更快的发展。

其实银行在国有企业中,是转型力度较大和市场化程度较高的。为什么这么说?

大家不妨看看其他行业的国有企业,没有哪个行业的市场化程度像银行这样高,也没有哪个行业像银行面临如此激烈的市场竞争,更没有哪个

行业像银行这样国际化程度如此之高。这也从另外一个侧面说明了我国的银行业正在不断进步。

以前的银行，只需要靠存贷款业务就可以实现盈利了，如今，随着我国金融市场不断开放，银行业面临的挑战不断增加，面对激烈的市场竞争，银行业选择了主动转型，"打铁必须自身硬"，可以说，今天我国的商业银行有一些业务在国际上处于领先地位。毕竟，很多的经济场景都需要金融的底层支持和服务。严格规范的管理增强了银行员工自身的业务实力。

如今，很多从银行离职的人或者说主动离开的人往往有更好的发展机会，市场各方抢着要银行的员工，市场化程度越高的银行，离职员工越抢手。这也说明了在银行上班是可以增加你的含金量的。

（二）为什么建议大学生先到银行锻炼体验

我建议想从事金融行业的大学生毕业之后，尽量先到银行锻炼一下。一方面，在银行平台上，你有更广阔的视野，接触到银行各种各样的业务，只要你肯学习，可以去了解对公业务、对私业务、国际业务等方面的知识。很多人以为银行的业务就是存款、贷款，那是刻板的认识。事实上，银行的业务非常广泛。随着经济不断发展，不断涌现新的经济模式，就需要银行根据新的经济形势和新的经济模式提供相应的金融服务支持。在银行工作，可以更加全面地了解金融是如何支持实体经济发展的。

另一方面，银行可以使你得到专业的训练。众所周知，练习武功或者学习书法，一定要打牢基础，之后再来学习其他武功或写其他字体就容易很多；基础不牢，马上就想学习深奥的武功或者要写草书，无疑是沙滩上建高楼。虽然银行的很多流程比较烦琐，但银行的所有流程基本在为一个目标服务——控制风险，这是金融行业的核心竞争力。风险无处不在，而控制风险是金融业最重要的工作。如果不能很好地控制风险，一个很小的风险都会带来巨大的损失。

无数事实证明，经过专业训练和未经过专业训练的人对很多事情的反应是不一样的，面对纷繁复杂的环境，不是看谁跑得更快，而是看谁跑得更远，这就是银行的核心竞争力所在。经过银行的专业训练，并且有银行的工作经历，相信将让你受益终生。

二、银行和基金首次相遇，开启了我国财富管理的大门

"人生若只如初见"说出了人们对第一次的美好回忆和珍惜。而银行与基金的第一次相遇，无疑是非常美好的，不仅实现了"1+1>2"的效果，更重要的是开启了我国财富管理的大门。

（一）为什么说银行与基金相遇实现了"1+1 > 2"

银行和基金公司等机构的合作是强强联合，目的是为银行客户提供更好的服务。

我国银行业的竞争非常激烈，而且市场化和国际化的程度较高。随着金融行业不断开放，银行以前主要的利润息贷差一直在减少，将来更多的业务收入会来自中间业务，而中间业务中最重要组成部分就是如何为银行客户提供财富管理服务，以收取相关费用。过去几十年，我国的银行业务

一直在不断转型。

银行有国家信用背书，客户信任度高。但是，资产管理业务是银行的弱项，很多银行理财产品的收益率其实并不比基金公司的"固收+"类的产品高，而且，现在已经打破"刚性兑付"，实行净值化管理，银行理财产品的收益也会有波动。而基金公司的投资管理能力很强，包括社保基金、养老金等也都在委托基金公司进行投资管理。所以，银行要借助基金公司的产品来更好地服务自己的客户，实现"1+1>2"的效果。事实上，银行加强和基金公司的合作，向客户推荐更优质的基金产品，不仅实现"双赢"，更要实现"三赢"。

（二）第一只基金的表现令人刮目相看

以中国建设银行为例，从2001年12月31日开始，该行主托管代销了华夏成长基金（基金代码：000001），开启了中国建设银行和基金公司的亲密合作。截至2019年年底，从中国建设银行与59家基金公司合作的第一只基金产品来看，历经资本市场起起落落的考验，结果令人倍感甜蜜。见表8-1。

表8-1 中国建设银行历年合作基金公司第一只基金业绩表现情况

序号	基金代码	基金简称	单位净值（元）	累计净值（元）	成立日期	运行时间（天）	年化收益率（%）
1	000001	华夏成长	1.0730	6.9314	2001年12月31日	7486	28.92
2	161601	融通新蓝筹	1.0400	5.5033	2002年8月25日	7249	22.68
3	50001	博时增长	1.1290	6.2348	2002年9月6日	7237	26.40
4	240001	宝康消费品	4.0332	15.2321	2003年7月1日	6939	74.86
5	200001	长城久恒平衡	2.2589	6.8074	2003年11月9日	6808	31.14
6	020005	国泰金马稳健	1.2859	8.5481	2004年6月15日	6589	41.81
7	180003	银华-道琼斯88	1.3231	7.1398	2004年8月30日	6513	34.41
8	375010	上投优势	1.8029	12.5146	2004年9月28日	6484	64.82

续表

序号	基金代码	基金简称	单位净值（元）	累计净值（元）	成立日期	运行时间（天）	年化收益率（%）
9	400001	东方龙	1.3729	6.8299	2004年11月11日	6440	33.04
10	288002	中信红利精选	7.4420	16.7869	2005年10月14日	6103	94.42
11	530001	建信恒久价值	1.3278	10.2303	2005年11月24日	6062	55.58
12	162207	荷银效率	1.6043	3.8586	2006年4月28日	5907	17.66
13	519690	交银稳健	1.0717	7.9819	2006年6月2日	5872	43.40
14	160607	鹏华价值	0.8660	8.4692	2006年7月7日	5837	46.71
15	040005	华安宏利股票	8.7754	11.1984	2006年9月1日	5781	64.39
16	550002	信诚精粹成长	0.9951	9.2807	2006年11月22日	5699	53.03
17	213003	宝盈策略增长	1.0230	2.7367	2007年1月19日	5641	11.24
18	570001	诺德价值优势	3.2230	4.2687	2007年3月25日	5576	21.40
19	610001	信达澳银领先	1.4691	2.2181	2007年3月30日	5571	7.98
20	630001	华商领先	0.7548	2.0559	2007年5月30日	5510	6.99
21	163805	中银动态策略股票基金	1.0292	4.8924	2008年3月28日	5207	27.28
22	519110	浦银安盛价值成长基金	1.7659	2.7557	2008年4月9日	5195	12.34
23	340007	兴业社会责任股票基金	5.1060	5.8183	2008年4月25日	5179	33.96
24	166002	中欧新蓝筹灵活配置基金	2.1039	7.0632	2008年7月18日	5095	43.44
25	540004	汇丰晋信2026生命周期基金	3.0108	4.7295	2008年7月18日	5095	26.72
26	360010	光大保德信精选	1.0551	1.7210	2009年2月27日	4871	5.40
27	070017	嘉实量化阿尔法股票基金	1.4550	2.5904	2009年3月17日	4853	11.96
28	110015	易方达行业领先企业基金	4.3650	6.0046	2009年3月20日	4850	37.66
29	450007	富兰克林国海成长动力基金	2.0368	2.3928	2009年3月23日	4847	10.49

第八章　做好银行服务是更高的社会价值体现

续表

序号	基金代码	基金简称	单位净值（元）	累计净值（元）	成立日期	运行时间（天）	年化收益率（%）
30	690001	民生加银品牌蓝筹基金	2.8489	3.9091	2009年3月25日	4845	21.92
31	519670	银河行业优选	1.2230	6.9011	2009年4月17日	4822	44.67
32	519185	万家精选	1.5086	3.5173	2009年5月12日	4797	19.15
33	310388	申万巴黎消费增长	1.7720	3.6208	2009年6月5日	4773	20.04
34	270021	广发聚瑞	4.3663	4.3663	2009年6月12日	4766	25.78
35	217012	招商行业	2.1440	2.6573	2009年6月16日	4762	12.70
36	519987	长信恒利	1.3610	2.4229	2009年7月24日	4724	10.99
37	257050	国联安主题驱动	2.7179	3.0029	2009年8月21日	4696	15.57
38	620004	金元比联价值增长	0.7810	0.7810	2009年9月4日	4682	−1.71
39	233006	大摩领先优势	3.6011	3.6011	2009年9月18日	4668	20.34
40	519093	新华钻石	2.9272	2.9272	2010年1月29日	4535	15.51
41	202019	南方策略	1.8640	1.9011	2010年3月25日	4480	7.34
42	660006	农银汇理大盘蓝筹股票	1.4752	1.4752	2010年8月30日	4322	4.01
43	320012	诺安主题精选	3.1140	3.4172	2010年9月10日	4311	20.47
44	671010	钮银策略	1.3110	1.3110	2011年1月21日	4178	2.72
45	580008	东吴新产业	3.3845	3.3845	2011年9月23日	3933	22.13
46	080008	长盛泛资源	2.5140	2.6370	2011年10月21日	3905	15.30
47	161219	国投产业前	2.4990	5.5767	2011年12月7日	3858	43.30
48	730001	方正富邦科技	0.9946	1.5358	2011年12月22日	3843	5.09
49	000029	富国宏观	3.2880	3.8035	2013年4月9日	3369	30.37
50	000522	华润元大TMT	2.1150	2.1150	2014年3月14日	3030	13.43
51	000577	安信价值	4.9750	4.9750	2014年4月10日	3003	48.31
52	000690	前海开源	2.3900	2.3900	2014年7月25日	2897	17.51
53	000688	景顺研究精选	1.6640	1.6964	2014年8月12日	2879	8.83
54	000696	汇添富环保	2.9130	2.9130	2014年9月12日	2848	24.52
55	001059	中金绝对	1.1082	1.1082	2015年4月16日	2632	1.50
56	001069	华泰消费	2.4530	2.4530	2015年5月18日	2600	20.40

续表

序号	基金代码	基金简称	单位净值（元）	累计净值（元）	成立日期	运行时间（天）	年化收益率（%）
57	001983	中邮低碳	1.3170	1.3170	2016年4月22日	2260	5.12
58	002598	平安大华智能生活	1.2601	1.0162	2016年6月8日	2213	0.27
59	003131	国寿安保强国智造	1.5073	1.6703	2016年9月27日	2102	11.64
		平均净值	2.2576	4.6983	—	4834	25.38

截至日期：2022年6月30日

2001～2019年，中国建设银行与基金管理公司合作，第一次发行的偏股主动基金有59只。2017～2018年，中国建设银行就没有新合作基金管理公司发行偏股基金产品。截至2022年6月30日，历年中国建设银行新合作基金公司的第一支产品共计59只，全部盈利，盈利概率达到100%，平均收益率高达369.83%，年化收益率达到惊人的25.38%。其中，有5只基金的累计净值翻了10倍，占比将近10%。毫不夸张地说，在中国建设银行买首发基金，命中"10倍基"的概率是很高的。

由此可见，均衡买入中国建设银行推荐新合作基金公司的第一支产品，长期获得超越通货膨胀和一般理财产品收益水平是大概率事件。

（三）银行和基金相遇，开启了我国财富管理的大门

从我国诞生第一只开放式基金起，银行就一直是公募基金的主要销售渠道和宣传推动者。如今，随着《资管新规》的实施，并且打破"刚性兑付"，越来越多的理财产品净值化，大量传统的银行客户需要多元化的资产配置。与此同时，由于我国的投资渠道相对较少，尤其很多普通投资者的金融知识不足，相对来说，银行尤其是国有大行，更值得普通投资者信任和托付。

公募基金是专业的管理投资机构，我们前面也分析过，社保基金、养老金等也在委托公募基金进行管理。2021年12月，由中国证券投资基金

业协会组织拍摄、知名纪录片导演李成才团队承制的投资者教育纪录片《基金》，正式登陆央视财经频道（CCTV-2）。

作为国内首部聚焦基金行业的纪录片，《基金》凭借声画兼容的手段全景式勾勒出中国基金行业的发展图景，向社会传递正确的理财观念，营造良好的金融文化氛围。《基金》用丰富、生动的影像语言，讲述了我国基金行业的起步、制度体系的搭建和信义义务的根基，展示了基金投资研究体系的专业运作方式，呈现了基金行业在塑造健康财富文化、发挥普惠金融功能、服务国家战略等方面的积极作用。

作为一名资深银行人，我强烈推荐所有的投资者，包括银行的理财经理等都要去观看和学习这部纪录片，不仅因为这部纪录片拍得很好，更为重要的是，这部纪录片揭示了一个时代的来临。如果你还不清楚公募基金是未来进行投资理财的首选，也许，你将错过一个财富时代。

《资管新规》的实施，对普通投资者而言，意味着银行的理财产品将打破"刚性兑付"，理财产品的波动将成为常态，以 2022 年 11 月的市场波动为例，理财产品净值的波动导致投资者大量赎回，而赎回量的加大又加剧了市场波动。

根据中信证券统计，2022 年 12 月，全市场理财产品破净数量超过 7000 只，破净率超过 20%，未来投资者的理财需求将逐步转移到以公募基金为代表的"净值型产品"上面，比如在 2022 年新发基金中，债券型基金发行总规模高达 9982.19 亿元，占全年总募集规模的 66.71%，越来越多的投资者开始选择债券型基金等"固收+"基金作为理财产品的替代。

虽然 2022 年的 A 股表现让很多投资者"伤痕累累"，但是随着《资管新规》的实施，理财产品打破"刚性兑付"，居民资产配置会逐步转移到以公募基金为代表的净值型产品上面。根据 Choice 数据统计，截至 2022

年12月30日，2022年新成立基金1541只，新发基金数量排名历史第二名，新基金发行规模合计1.496万亿元，募集规模排名历史第三名，新发基金规模连续4年突破万亿元。

未来，银行的理财经理只有更好地帮助客户配置公募基金产品，才能帮助客户实现资产的保值增值，对抗通货膨胀，开启财富管理的大门！

三、从银行买基金为何比在网上买基金更容易赚钱

有人不禁要问：为什么在网上买基金容易亏钱，而找银行买基金容易赚钱呢？下面，我们一起来看看是什么原因，以及银行长期推荐大家买基金的效果又如何。

（一）为什么在网上买基金容易亏钱

现在网上交易确实方便，但也更容易亏钱和被骗，尤其通过第三方渠道买基金更容易亏钱，到底是什么原因呢？

首先，喜欢通过网络渠道买基金的主要是年轻人，尤其以"90后"为主。网络交易更为便捷，但是年轻人的投资经验相对较少，而且对基金等产品的知识了解不多，自然更容易亏钱。

其次，网络上买基金大多喜欢极致的风格，即买入某一个行业的基金，俗称为"赛道基金"。只要行业发展好，这类基金表现自然就好；如

果行业表现差，买入的基金就成为"无底洞"了。年轻投资者关注某个行业的时候，市场往往已经在高位，经过媒体大肆宣传，散户投资者蜂拥而至，于是，被套后无数人不得不高位"站岗"。

最后，第三方渠道基本没有售后服务，买卖主要靠自己。第三方渠道的宣传往往有误导性，大部分年轻人缺乏最基本的金融知识，很多时候买基金产品是被算法和大数据所"套路"，亏钱自然是大概率事件。

（二）为什么找银行理财经理买基金容易赚钱

那么，投资者在银行买基金更容易赚钱吗？真实的体验如何？

我们先来看一下真实数据，表8-2是中国建设银行2001～2021年各年度推荐基金收益情况。如前文分析，除了2021年略有亏损，其余的年份均盈利，而且收益颇丰。

表8-2 中国建设银行2001～2021年各年度推荐基金收益情况

平均认购成本为面值1元

年度	单位净值（元）	复权累计净值（元）	发行数（只）	平均运行时间（天）	年化收益率（%）	复利年化收益率（%）	总收益率（%）
2001年	1.0730	6.9314	1	7380	29.34	10.05	593.14
2002年	1.0845	5.8691	2	7140	24.89	9.47	486.91
2003年	2.4616	10.7701	6	6794	52.49	13.62	977.01
2004年	3.5527	13.1285	8	6434	68.81	15.73	1212.85
2005年	3.5627	11.3620	7	5311	71.21	18.18	1036.20
2006年	2.5563	6.0345	27	5709	32.19	12.18	503.45
2007年	1.4444	2.5788	9	4907	11.74	7.30	157.88
2008年	2.7734	5.1738	19	5028	30.30	12.67	417.38
2009年	2.2023	3.0752	56	4754	15.93	9.01	207.52
2010年	2.4526	2.9314	30	4320	16.32	9.51	193.14
2011年	2.5630	3.1830	32	3974	20.05	11.22	218.30
2012年	3.3528	4.6122	15	3633	36.30	16.60	361.22

续表

年度	单位净值（元）	复权累计净值（元）	发行数（只）	平均运行时间（天）	年化收益率（%）	复利年化收益率（%）	总收益率（%）
2013年	3.4428	4.1389	20	3064	37.39	18.44	313.89
2014年	2.8152	3.0754	34	2881	26.30	15.30	207.54
2015年	1.7326	1.7994	74	2544	11.47	8.79	79.94
2016年	1.9228	1.9954	45	2171	16.73	12.31	99.54
2017年	1.8880	1.9051	58	1789	18.47	14.06	90.51
2018年	1.7640	1.8185	66	1134	26.34	21.22	81.85
2019年	1.6811	1.7184	48	1087	24.12	19.94	71.84
2020年	1.1348	1.1453	92	724	7.32	7.07	14.53
2021年	0.9271	0.9286	86	363	−7.19	−7.19	−7.14
均值	2.2089	4.4845	35	3864	32.92	15.23	348.45

截至时间：2022年6月30日

总体而言，在网上买基金，一般是受到各种媒体或直播等信息的刺激而做出的冲动行为。而在银行找理财经理买基金，理财经理总是希望客户能赚钱，往往会规劝客户不要一下子买太多，最好分散开来买。毕竟，银行做的是长期客户，而不是一锤子的买卖，银行理财经理对待客户的态度也是比较贴心的，他们更希望投资者树立正确的理财观念，坚持长期投资，真正赚到钱。

四、找一位靠谱的银行理财经理有多重要

如今，市场上的基金琳琅满目，很多投资者并不知道该如何挑选这些

基金产品。更为重要的是，有些基金虽然叫"某某主题基金"，但是投资的组合标的却是两码事。比如当年的"某某大盘基金"，实则全部是中小盘股，还有一只"某某互联网+基金"，持仓都是白酒股。当然，只要自己买的基金赚钱，投资者可能也就睁只眼闭只眼，但是如果基金亏钱了，那投资者的抱怨就如山洪一样爆发了……

2022年7月15日，中国证券监督管理委员会发布了《机构监管情况通报》（以下简称《监管通报》），针对基金投资"风格漂移"个股入库审批不严、入库程序履行不到位、指数产品设计把关不严等现象进行了通报，涉及部分基金公司风格库内控管理缺失等问题，而具有监督职责的基金托管人也存在对基金投资风格监督履职不充分等问题。

监管部门及时出手，可在一定程度上防止投资者被骗。必须提醒的是，虽然有监管机构存在，普通投资者还是需要擦亮眼睛，精挑细选。那么，为什么会有数量庞大、风格各异的基金呢？

截至2022年8月底，公募基金的总数量已经超过10000只了，很多投资者想不明白，为什么公募基金的数量比股票还要多呢？

其实，背后的原因非常简单，一只股票上市往往需要几年的时间准备，而且公司在国内资本市场上市的审核条件很严苛。另外，A股市场还有退市制度，虽然国内退市的公司相对少，但也逐步成为常态。在成熟的海外市场，比如美国，公司退市屡见不鲜，海外公司的退市率在5%左右，过去37年，美股已有14183家公司退市，而A股市场才几十家公司退市，正是因为上市和退市都比较严格，所以，A股上市公司总数维持在一个比较稳定的水平。见图8-1。

基金的发行虽然也需要审批，但比公司上市要快很多，程序也少一

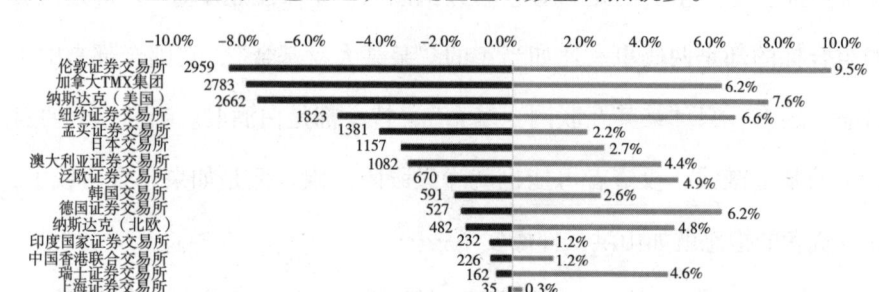

些，甚至一些基金有绿色通道，因此基金的数量自然就多。

图8-1　2007~2018年10月全球主要交易所退市情况表

另外，基金不仅可以投资股票，还可以投资债券、海外市场、大宗商品、房地产等，这一特点也导致基金的数量比上市公司多了不少。

最后，目前基金清盘的情况相对也少一些。因为需要召开投资者大会或者满足一定清盘的条件才能清盘，为了多方利益，基金公司一般都会花点资源去维持一只基金，确保不清盘。

挑选基金是一个技术活，专业的事情找专业的人来做。现在，虽然信息比以前发达了很多，但如果你不是专业人士，自己上网去找一些信息未必靠谱。因为很多平台都是靠算法给客户推送符合喜好的产品，这些产品却并不一定适合客户。比如，很多互联网平台上推荐的基金往往以过去一段时间甚至短期业绩为依据，短期涨得快的往往是未来跌得多的品种，这也是很多投资者在互联网上买基金亏钱的主要原因。

而且，科学挑选基金，应该要求基金经理经历过"牛熊市"的洗礼，光靠短期业绩是不行的，所以，建议还是多方打听，细致分析，经中长期观察再下手。当然，最简单的方法就是找一个专业的理财经理进行咨询，这样更靠谱一些。

当然，肯定有投资者说，有时候理财经理推荐的基金表现也不好啊，这是什么原因呢？

这里就需要提到一个概率的问题了。

众所周知，做投资是讲究概率的，你赚钱的概率哪怕只比别人高一点点，日积月累，你也能赚很多钱。最经典的理论就是帕累托效应，还有一个通俗易懂的故事——《老虎和鞋带》。

有一对好哥们儿走在丛林里，远处突然出现了一只老虎。他们手边没有任何足以击退老虎的工具，例如来福枪或大刀等。其中，一个人突然蹲了下来，重新绑着鞋带。另一人开口问：你在做什么？绑鞋带的人说：我要逃离虎口。站着的那个男人又说：就算你绑了鞋带也逃不掉吧？重新绑妥鞋带的男人回答：你误会了，我是为了要跑得比你快。

这个故事揭示了一个简单的道理，你跑得比老虎快的概率为零，但是你跑得比其他人快的概率哪怕只有1%，最后胜出的大概率也是你。在资本市场上，那些跑得比你慢的散户会被老虎（各种机构投资者）吃掉，而你将会赢得获胜的机会。

在现实中也是这样，投资者对理财经理的建议时听时不听，时而大听多买，时而小听少买，这都是提高风险、降低收益的举动。因为理财经理对的概率比散户投资者要高，要听建议就得从头听到尾，这样才能赚钱。打个比方，理财经理是系好鞋带的专业跑者，而很多散户不是，所以，理财经理胜出的概率更高，如果这样的投资交易是多次，你会发现理财经理给的建议，比你自己选的准确概率高很多。

当然，既然存在概率问题，千万不要苛求理财经理的每次判断都是对的。回到如何挑选好基金的问题，答案是，直接找理财经理推荐，毕竟他们对的概率比你对的概率更高。

五、银行越来越重视基金投资理财业务

不知道大家有没有发现,在十几年前,只有几个大银行给客户推荐基金产品,当时,很多投资者连一些理财经理都不理解,基金净值有波动,为什么一些股份制银行及城市商业银行却不推荐基金产品呢?可是到了今天,所有的银行都在积极地了解公募基金行业以及如何给客户配置基金产品。不仅如此,在银行内部,对基金投资理财业务的重视程度也提高到了前所未有的水平。

2021年5月27日,在湖南省长沙市,我应邀参加中国建设银行2021年中间业务收入标杆交流推进会,并做了主题演讲。我的演讲主题是"分散播种,集中收获",主要分享过去几十年投资基金的实践方法,演讲现场反响热烈,这一基金投资方法受到广泛认可,领导还特别强调帮助客户做好投资理财的重要性。

(一)为什么银行如此重视基金投资理财业务

近年来,随着《资管新规》的实施,存在很多年的"刚性兑付"被打破,很多银行的理财产品面临着"净值化"的转型。所谓"净值化"转型,其实就是银行理财产品不保本了,净值会有波动,像公募基金一样,会出现亏损。此时,就要将大量普通投资者的理财需求引导到公募基金上。一个客观现实是,银行的理财产品不仅不保本,收益率还不断下降。

比如，2022上半年，银行的很多理财产品年化收益率只有2%～3%。老百姓一看，在银行买理财产品的收益率那么低，相比通货膨胀，明显是亏钱的，此时老百姓的风险偏好就会提高。因此，银行面临着转型，即不能再像以前一样，躺着向老百姓卖高收益率的理财产品了，而是需要通过专业能力，给投资者配置公募基金等产品。

无疑，这种转型对银行是痛苦的，也是必要的。其实，对大银行而言，转型的痛苦稍轻，因为大银行的理财经理过去一直在销售公募基金，尤其是像中国工商银行、中国农业银行、中国银行、中国建设银行、招商银行等，过去一直就是销售公募基金的主力军。但是转型对中小银行而言就很痛苦了。因为，以前中小银行很少卖公募基金，主要卖理财或信托等其他保本保收益的产品，理财经理几乎不接触公募基金。中小银行偶尔卖一次公募基金，基本是在大牛市，然后客户几乎被套牢，随后几年时间，这些银行又不卖基金了。这些卖不动基金的中小银行就要为转型付出更多的努力。

虽然转型很痛苦，但这个趋势是不可逆的，不然，银行会被时代淘汰。如果银行的理财经理没有专业能力，客户一定会离开银行，转投其他机构的怀里。

（二）要让客户买基金有更好的获得感就要让客户赚钱

很多银行或理财经理怕卖基金，是因为基金波动会出现亏损，担心客户投诉。这其实是一种错误的思维，现在的理财产品本身没有保本保收益属性了，就算客户把钱存进银行，看似保本，其实相比通货膨胀也是亏损的。而投资基金，从风险和收益的匹配度来说，相比投资P2P、信托等产品，其性价比是更高的。前面我们分析过，至少公募基金不会清零，客户如果去投资其他产品，正应了那句风险提示的话，就是"你看到的是利息，别人看上的是你的本金"。

那么，如何做才能让客户购买基金时有较好的投资体验呢？很简单，就是要让客户赚钱。

1. 以客户利益为先的经营理念

中国建设银行厦门分行所有股票基金客户持仓市值约 50 亿元，而在有统计数据的年份，2009～2021 年 3 月，中国建设银行厦门分行给基金客户创造了 46.25 亿元的盈利，加上 2001～2008 年的盈利合计，其权益基金客户盈利基本上是从资本市场上获得的利润，即这 50 亿元基本是公募基金给客户赚的钱。见图 8-2。

2009～2021 年 3 月累计为厦门分行基金客户创造 46.25 亿盈利

图8-2 中国建设银行厦门分行基金客户盈利图

2. 基金销售要从"卖药品"向"开处方"转变

理财经理在给客户配置基金时，思维必须发生转变，如何转变呢？要从"卖药品"向"开处方"转变，即从传统理解的"卖基金"变成给客户提供"资产配置"解决方案。比如，"分散播种，集中收获"和"分散播种，长期持有"的基金投资方法就取得了不错的成绩。如前文分析，从 2001～2020 年，分别获得了 13.53% 的平均收益和 17.39% 的复利年化收益，远超市场上各类理财品种的收益水平。见图8-3。

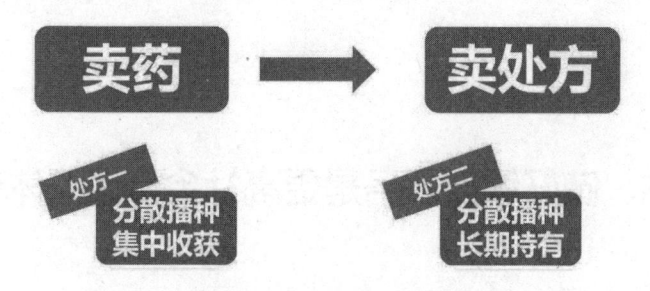

图8-3 从"卖基金"向"资产配置"的转变

3. 只有让客户赚钱，客户才能持续增长

过去几年，受互联网销售平台冲击和市场震荡影响，商业银行的基金客户一度大幅减少，而中国建设银行厦门分行长期引导理财经理以客户利益为先，成为连续8年基金客户数正增长的分行。而客户数量正增长的背后，就是让客户赚到了钱。见图8-4。

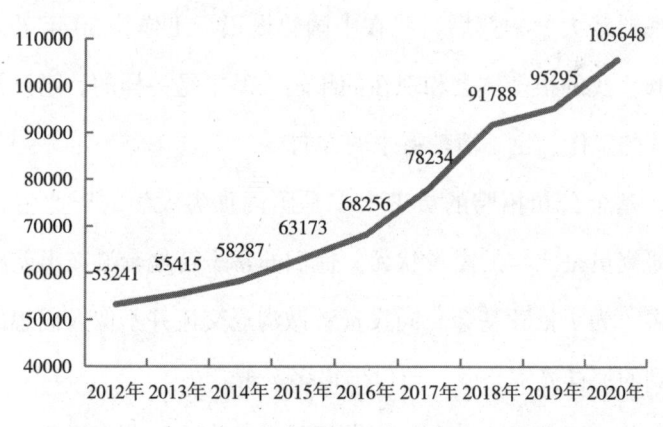

图8-4 中国建设银行厦门分行基金客户数增长图

六、做好银行服务是更高社会价值的体现

可能很多年轻人觉得,像我这样年龄的人,比较早进入银行,享受了制度的红利,当然觉得在银行工作好。但在"内卷"严重的今天,在银行工作,除了工资低,还要加班背任务,还有大量琐事……但我不这样认为。

(一)三百六十行,行行出状元:银行服务体现更高的社会价值

从上海财经大学毕业后,我在中国建设银行工作快30年了,其实刚毕业的时候,我的很多体会和现在的年轻人基本是一样的。刚开始都是做一些很琐碎的工作,也不清楚将来的方向。

现在,基金公司招聘的员工大多是国内顶尖大学的毕业生,很多基金经理和研究员是当年的高考状元。他们非常辛苦地奔波在出差路演的路上。有时候,为了推荐基金,同投资者做沟通交流并不像人们想象或者在电视上看到的那样光鲜亮丽,要付出很多辛苦。

无论在什么行业都要踏踏实实做好基础工作,所谓"三百六十行,行行出状元",在银行上班,工作看似琐碎,如果用心去做,不仅可以提升自己,还可以帮助身边更多的人,体现出更高的社会价值。

以我为例,因为在银行上班,经常会有亲戚朋友来咨询一些投资理财的业务,这对我而言其实都是很小的事情,无形之中却帮助了身边的很

多人。

随着中国经济的不断发展,居民财富不断增加,金融诈骗偶有发生,我在银行上班,不仅肩负着帮助老百姓投资理财的使命,更肩负着帮助老百姓避免被金融诈骗的责任。

(二)为什么银行帮客户赚了 11 亿元,还要感谢客户

银行从业人员最大的使命就是帮助客户投资理财并赚到钱。

下面以银行理财经理为客户提供投资理财服务为例,来分析一下银行从业人员是如何践行自己的使命和责任的。2019 年(截至 11 月 19 日),中国建设银行厦门分行为基金客户盈利 11 亿元。

这样可观的收益额,即使在一个省的上市公司利润排行榜中,也可以排到前 15 名。那么,如果将中国建设银行厦门分行为客户带来的盈利与福建省的上市公司净利润进行对比,是何种水平呢?见图 8-5。

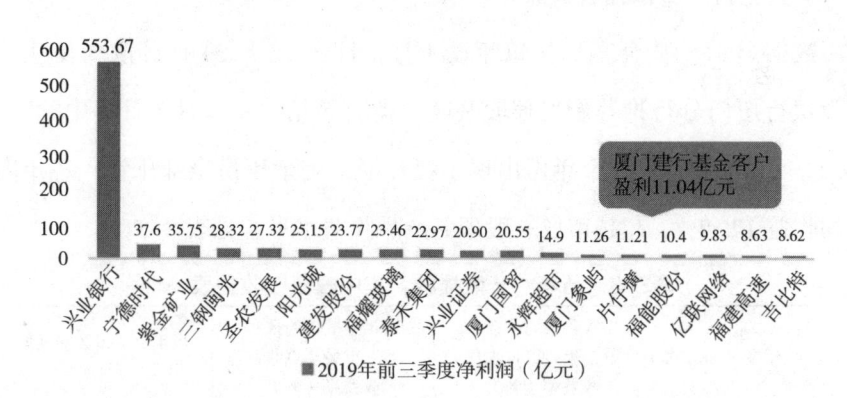

图8-5 中国建设银行厦门分行基金客户盈利对比福建上市公司(2019年前三季度)

与此同时,中国建设银行厦门分行帮助 10 万余名客户实现盈利,近 2 万名客户盈利超过 30%。按 5% 作为小概率事件标准,在中国建设银行买基金,2019 年亏钱是一个小概率事件,而赚钱则是大概率事件。见图 8-6。

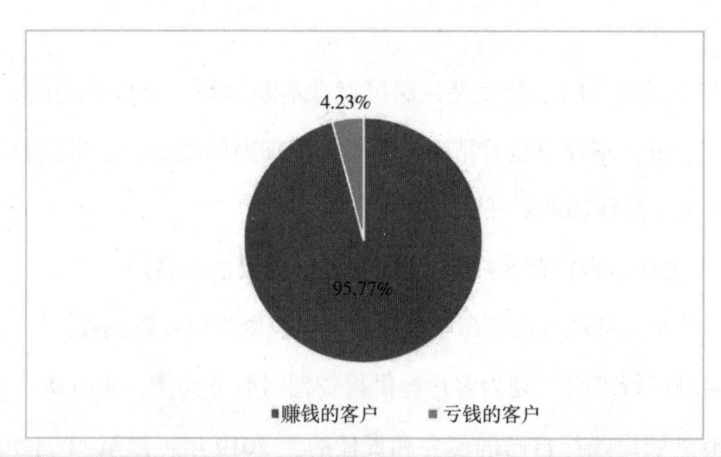

−10%以下	−10%~0%	0%~10%	10%~20%	20%~30%	30%以上
0.18%	4.04%	60.36%	8.11%	10.62%	16.67%

统计时间：2019年1月1日~9月30日

图8-6 中国建设银行厦门分行基金客户盈利概率图

2019年，中国建设银行厦门分行基金客户能取得如此优异的回报，就在于一直坚持"分散播种，集中收获"。

数据显示，基金客户从每年度1月1日～12月31日分散均衡认购建设银行厦门分行推荐新发偏股基金，持有至第二年4月1日集中赎回，2002～2021年，仅3个年份出现小幅亏损，剩余年份全部赚钱，各年度平均收益12.17%，超越市场一般理财产品收益水平。见表8-3。

表8-3 历年"分散播种，集中收获"收益表

年度	当年分散均衡播种第二年4月1日收获收益率（%）	当年分散均衡播种第二年最高点收获收益率（%）	当年上证指数涨跌幅（%）
2002年	6.91	12.80	−17.52
2003年	21.67	23.40	10.27
2004年	1.36	3.43	−15.40
2005年	19.40	107.00	−8.33
2006年	57.18	179.00	130.43
2007年	14.84	87.76	96.66

续表

年度	当年分散均衡播种第二年4月1日收获收益率（%）	当年分散均衡播种第二年最高点收获收益率（%）	当年上证指数涨跌幅（%）
2008年	14.35	65.16	−65.39
2009年	10.23	11.38	79.98
2010年	4.67	8.20	−14.31
2011年	−9.52	−3.67	−21.68
2012年	14.80	14.80	3.17
2013年	11.07	21.16	−7.56
2014年	52.00	127.00	54.21
2015年	11.82	−5.06	9.41
2016年	7.08	20.06	−12.31
2017年	3.96	9.80	6.56
2018年	7.94	20.85	−24.59
2019年	12.21	74.23	22.30
2020年	18.76	36.30	13.87
2021年	−13.66	−0.22	4.80
平均值	12.17	40.67	12.23

即使中国建设银行厦门分行让客户在2019年获利丰厚，但仍对客户充满感激之情，不仅如此，还付诸行动，举办"基金服务万里行"活动，邀请国内著名经济分析师举办专业分析报告会。

这样的客户投资报告会，在全国各地累计举办了数千场，服务客户数以百万、千万计。仅仅在2019年，中国建设银行为基金客户盈利超过700亿元。

2019年，让客户赚到不菲收益，还要感谢客户，这就是银行理财经理。这就是银行从业人员的使命和责任，不仅要让客户赚钱，更要感谢客户的支持和信任。

后记

2003年年底，受中国建设银行青岛分行邀请，我举办了一场基金投资理财讲座，至今已过去20年了。这20年间，从祖国最北端天寒地冻的黑龙江到天涯海角的海南岛，从西南的七彩云南、天府之国四川和山城重庆到新疆，从九省通衢的湖北到塞外江南宁夏，从如梦如幻的上海、千年古都洛阳到首都北京，我给众多银行高管、一线理财经理、基金管理公司、客户讲授"分散播种，集中收获"的基金投资理念和方法超过千场。每次看到自己总结的翔实数据、归纳的投资方法打动一个又一个听众，看到自己公众号"刘元树"发表的文章阅读量最多近4万，职业的成就感和使命感就油然而生。

我自1995年上海财经大学会计系毕业后，自主择业到中国建设银行厦门分行工作。当时，在银行工作算是拿着"金饭碗"，而中国建设银行厦门分行更是"金饭碗"中的"金饭碗"，这主要得益于当时中国建设银行厦门分行的锐意改革。在其改革的春风中，我实现了职业生涯中最为充实的良好开端。

后记

参加工作头三年，因为每项业务都在改革，组织架构也在改革，三年时间内我竟然换了五六个岗位，从一线柜员到分行会计，从系统开发测试到同业拆借。当时的状态就是不断地学习和实践，自己并未过多想到职业晋升的事情。直到1998年某天，人力部通知晚上要参加考试，"考啥"和"为啥考"也没说。至今记得第一题名词解释"干部"和最后一题论述题"人争一等、事创一流"，最后100多人参与的考试选拔了近10名科长，我荣幸位列其中。

第一次当科长是在厦门港区的东渡支行营业科，科里只有几个人。由于原来的管理出了点问题，到任学习加整顿，过了45天就调任到一个大支行，担任一个超过20多人的大科室——对外服务的营业科负责人。不仅如此，这个支行还在夜间营业。披星戴月充实地工作了8个月后，我又被提拔到当时效益最好的一家新成立的支行任副行长，虽然当时叫作分理处，却是独立核算的一个支行，头衔小却是全厦门当时效益最好的支行。

在这个效益最好的支行待了两年，全分行都知道我是效益最好的副科级干部，在2002年我经历了岗位调整，一周之内工作岗位从会计部调到审计部，最后调到了全国著名景区的鼓浪屿，担任鼓浪屿支行副行长。虽然鼓浪屿风景优美，但是好景不能当饭吃，鼓浪屿支行是全行效益最差的网点，收入大概只有之前的五分之一到四分之一。

由奢入俭难。要维持原来的生活水平和实现对未来的憧憬，就必须有所作为。2001年中国建设银行代理发行了第一只开放式基金——华夏成长基金，出于完成上级下达的需要，我带头买了5万元基金，半年后赎回，盈利5000元，大概相当于当时那些工作不错的人一个月的工资收入。到鼓浪屿支行后，要维持对美好生活的追求，我把所有的储蓄都买入了2002

年发行的博时价值增长，半年后赎回竟然赚了相当于在鼓浪屿支行近一年的工资收入，从此我开始了把所有资金全部分散买入中国建设银行新发基金的理财之路。

不仅如此，我在自己带头认购基金的同时，还让鼓浪屿支行成为全分行基金的年度销售冠军，并且在《现代商业银行导刊》上发表了名为《鼓浪屿支行基金营销案例分析》的文章，通过一个个客户的营销说服，形成了后来的自创基金投资和营销理论体系。

2003年9月底，分行网点进行了人事调整。在多个岗位和单位兜兜转转后，显然做传统银行业务并不是我的强项。于是，我辞去了最小支行副行长的职务，这个做法显得有点儿另类和不可思议。通过竞聘，我成为一名基金岗位的普通员工。

由于在一线积累了丰富的经验，加上很好地总结市场和产品亮点的能力，厦门分行的基金销售在全国异军突起，完成率全国第一。2004年，我总结了一篇报告——《研究基金规律，引领市场发展》，被转发到全国各分行，自此"刘基金"的名声传遍中国建设银行内外。

2005年是基金发行历史上最为艰难的时刻，却是我职业生涯的高光时刻。当年厦门分行各只基金销售总量基本位列全行前5名，比肩北上广深等大城市，销售完成率更是遥遥领先。建信基金成立之初，2005年9月，在北京军事博物馆附近的临时办公地点，我给建信基金的高管及全体员工介绍了我的基金营销和投资理论，我还在北京参与他们发行第一只基金——建信恒久价值基金。我设计的方案让建信第一只基金第一天销售额就超过了20亿元，这在当时众多基金为2亿元规模而苦苦挣扎的情况下，不能不说是一个奇迹。

当时银华基金发行银华效率优选基金的过程也是艰难重重,在大连的会议上,我用基金净值表现时空论证明基金的风险收益比的优越性。在中国建设银行广东分行大厦的会议室,为广东全省各位同事视频解答如何放下思想包袱,做好售后服务。当时我只是说了自己在工作中的观察和思考,没想到会场竟然响起热烈的掌声。

在那段激情燃烧的岁月中,我为银华、博时、长城、上投摩根、华宝、汇丰晋信、信诚、华商、建信、国联安、国泰、光大保德信、汇添富、国投瑞银等十多家基金公司做过专场讲座,通过一场场高端讲座,自己的理论水平也不断提高和升华。2007年,国投瑞银尚健总经理直接邀请我任国投瑞银的全国市场总经理,因自己个人原因最后未能成行,不能不说是一件略微遗憾的事情。

有失也有得,在基金岗位和行业,接触的绝大多数是高素质人才。只要你在这个行业里认真做事,行业的大潮也会裹挟你不断前行进步。2012年,光大保德信基金举办第二届"基金耀达人"比赛,参赛选手有银行员工、证券公司员工、媒体记者等80余万人,我凭借丰富的实战经验和理论知识过五关斩六将,一举夺得了全国总冠军,我也因此获得"福建省五一劳动奖章"和"福建省劳动模范"等荣誉。

回顾二十年风雨路程,基金不仅大幅改善了我的财富状况,也让很多客户经历市场波动后盈利丰厚。它不仅提高了我的理论认识水平,也让我结识了全国众多优秀人才。从全国巡回宣讲"分散播种,集中收获"理论,到被鼓动参加"基金耀达人"比赛、开通"刘元树"微信公众号,再到被国际理财师标准委员会授予"中国最具影响力理财师"称号,如今我能够将多年积累的投资经验、案例结集成册,离不开各位朋友的引导和帮助。

最后，本书能出版成册，要特别感谢富国基金的沈绍炜博士，他从中央财经大学会计学院及香港中文大学 MBA 毕业后，一直从事基金投资研究市场策略分析及投资者教育服务等工作，仍能不断学习奋进，在北京大学国家发展研究院攻读博士学位并发表了多篇学术论文。正是沈绍炜博士的鼓励和帮助，我才下定决心，将自己二十多年积累总结的实用的研究成果编辑成书。希望这本书对广大工薪阶层、银行、基金公司、证券公司从业人员等皆有所帮助。

开卷有益，希望"分散播种，集中收获"的投资战略能让更多朋友收获理财的果实，战胜通货膨胀，实现财富积累！

刘元树

2023 年 3 月